凤凰师轩

行知工程 文化班级系列

“文化班级——常州市北环中学教育新路”丛书

丛书主编：蔡军　汤林春

吕丽　著

ZUO XINGFU DE BANZHUREN

做幸福的班主任

江蘇鳳凰教育出版社
Phoenix Education Publishing, Ltd

图书在版编目（CIP）数据

做幸福的班主任/吕丽著. —南京：江苏凤凰教育出版社，2015.5

ISBN 978-7-5499-4771-3

Ⅰ.①做… Ⅱ.①吕… Ⅲ.①中小学－班主任工作 Ⅳ.①G635.16

中国版本图书馆 CIP 数据核字（2015）第 030193 号

书　　名	做幸福的班主任
作　　者	吕　丽
责任编辑	午新生　雷利军　张晓兰
出版发行	凤凰出版传媒股份有限公司 江苏凤凰教育出版社（南京市湖南路 1 号 A 楼　邮编 210009）
苏教网址	http：//www.1088.com.cn
照　　排	润星之源文化有限公司
印　　刷	三河市华润印刷有限公司
厂　　址	河北省三河市杨庄镇杨庄村
开　　本	787 毫米×1092 毫米　1/16
印　　张	12.25
字　　数	158 千字
版　　次	2015 年 5 月第 1 版　2015 年 5 月第 1 次印刷
书　　号	ISBN 978-7-5499-4771-3
定　　价	26.00 元
网店地址	http：//jsfhjycbs.tmall.com
邮购电话	025-85406265,85400774　短信　02585420909
E - mail	jsep@vip.163.com
盗版举报	025-83658579

《文化班级——常州市北环中学教育新路》

系列丛书编委会

主　编　蔡　军　汤林春

编委会成员

李伟涛　盛天和　郁琴芳　符爱琴
蔡忠军　李承送　李　力

追逐叶的事业

创办于1986年的常州市北环中学，校舍日渐褪去了色彩，在学校外面的人看来是简陋和寒酸。而与这相伴随的是，由于现代化进程的加快，常州市吸引了越来越多的外来务工人员，在北环中学里说着各种方言的孩子越来越多。面对艰苦的条件、复杂的生源，北环人对教育的信念却越发坚定了，为了追求“学在班级，过一种品质生活”的理想境界，北环人在艰难困苦、不舍不弃中努力着。

泰戈尔说过：“花的事业是甜蜜的，果的事业是珍贵的，还是让我干叶的事业吧，因为叶总是谦逊地垂着绿荫。”也许没有人会留意春风中的那一丝新绿，因为那一点点绿意，太普通，太平凡了！然而平凡琐碎的一天天从常州市北环中学教师身边走过时，却有越来越多的教师爱上这叶的事业，越来越多的教师爱上所衷情和选择的班主任事业。

班主任接受的是一种信托，是家长对子女的道德和心智的托付，是国家和民族对未来的托付。班主任不是单向的付出，他是学生成长的重要影响源，他在学生的人生道路上烙上了深深的印记，所有这些都是他的收获。在每年的毕业生离校日活动中，每个班级的学生和老师都会含着泪水最后一次唱响班歌。三年来，大家一起唱过的班歌，已不是一首歌曲，而是一种伟大的情感。本套丛书展示了在文化班级中成长的孩子们对北环中学班级文化的款款深情，其中珍藏着孩子们对班主任及任课老师的深深留恋。刘曼，代表中华人民共和国出席国际青少年论坛；陆妮洁，与国家督学成尚荣进行精彩对话；宁磊，父母返乡却独自坚守在北环中学学习……这些远离故土、随父母务工常州、在北环中学就读的孩子的名字，北环人也将永远在心底珍藏。

北环中学的教师视班主任工作为毕生的事业，北环中学的班主任追逐这叶的事业，他们在班级文化建设中艰辛付出，提升品质，追求卓越。通过文化引领，北环中学的每个班级都从班级管理走向了班级建设，学生成了班级文化建设的主人，北环中学成了学生追求幸福的沃土。

近年来，全国二十多个省市的几百所学校的同行造访北环中学，探求北环中学究竟发生了什么。本套丛书为他们做了解答：是文化改变了北环中学，是北环人养育的以“和”为主题的学校文化，使得“学生第一”的学校使命和责任，在每一位班主任的具体实践中由理想逐步转变为现实。

蔡　军

长大后我想成为你

在走过的教育生涯中，十二年的班主任生活无疑是我最珍贵、最深刻的足迹。我留恋这些充满快乐、充满幸福也略带些烦恼的日子，因为它们使我倍感生命的真实。

进入学校，我遇到的第一个班主任——韩老师，是个将近五十岁的女教师，高高大大，慈祥温柔，非常符合我心中对教师的想象，也让我对教师产生了一种尊敬和喜爱。韩老师没有孩子，当时还不懂事的我只是听说她离异后单身，虽然在那个年代这种情况会受到歧视，但韩老师带给我们的是一份强大的、无私的母爱和对生活的洒脱与珍惜，她带给我们快乐和幸福，更在我幼小的心灵里种下了理想的种子：长大后我想成为你——一名光荣的人民教师。

韩老师的爱像一股暖流，带给我们满满的幸福。那时上午两节课后学校会给我们提供点心——由老师亲自动手做的点心。我们最喜欢吃韩老师包的包子了！每次到韩老师值班那天，我们都能吃到个大、馅多的包子。韩老师经常把家里的苹果带到学校，然后把苹果洗得干干净净，发到我们的小手上。每次看着我们吃苹果，她都会开心地笑。那时我就决定，长大后做个像韩老师一样慈祥的老师。

韩老师的爱像一首小诗，带给我们无限的遐想。韩老师喜欢带我们出去玩，除了学校一年一次的春游、秋游，她还经常组织我们外出活动。带我们去看花展、看灯会，六一儿童节还带领我们排练节目。每次活动后，韩老师都会让我们写一篇作文，慢慢地，我们从活动中学会了观察、学会了描写、学会了如何去形容一件事或物。那时的我就决定，长大后做个像韩老师一样智慧的老师。

韩老师的爱像一股清泉，浇灌我们纯洁的心灵。有一次体育课，半节课时间过去了，体育老师还没有出现。我是一班之长，思来想去，决定去办公室找体育老师。结果体育老师没找到，却碰到了校长。校长知情后非常生气，也帮我到处找体育老师，最后我们在器材室找到了体育老师，原来体育老师在和另一位老师下象棋，忘记了时间。当时，看着体育老师尴尬的表情，我很害怕，也很后悔，万一因为这件事他被开除了怎么办呢？我越想越害怕，连续好几天情绪都很低落。韩老师看出了我的心事，把我叫到办公室，笑着说："我们的小班长这两天怎么了？""我……"看着老师慈祥的目光，我再也忍不住了，心中的委屈全部化成了眼泪，"老师，体育老师那件事我是不是做错了？""傻孩子，你一点都没错。相反，你做得很好，说明你有责任心，敢于担当。再说，这也是给老师一个提醒——要有责任心。我相信体育老师不会怪你的！"韩老师的眼中满是鼓励，让我顿时抛开了长时间积压在心中的内疚和不安。那时的我就决定，长大后做个像韩老师一样知心的老师。

韩老师只教了我们两年，后来她调到了另一所较远的学校，但在这两年的时间里，我深深地爱上了她，深深地爱上了教师这一职业，更让我决定了一生追逐的梦想——做一名光荣的人民教师。高中毕业，父母反对我考师范院校，理由是我体质较弱，不希望我去当教师。但那份对教师职业的向往和追求驱使我义无反顾地选择了师范院校。1996年，我大学毕业被分配到江苏省常州市北环中学。在北环中学我担任物理教师，开始了我的教师生涯，真正踏上了追求梦想的道路。

目　　录

第一章 如何当班主任

带着儿时的梦想，我选择了教师这一职业，并成为一名班主任。可冷酷的现实让我产生了强烈的职业倦怠感，更让我开始怀疑自己当初的选择是否正确，也害怕再担任班主任。班级文化建设，再次点燃了我内心深处对教育的憧憬。从物质文化、制度文化的建设到精神文化的渗透，我开始了一次次的探索。

可能是受小学班主任——韩老师的影响，当我决定上师范院校、准备做一名教师开始，就憧憬着自己也能成为一名班主任，像韩老师那样将满满的爱给予学生，成为学生喜爱的班主任。

可刚踏进学校，校长并没有安排我当班主任，只是跟我说学校急缺物理教师，让我带四个班的物理教学。作为一名物理教师，只能从初二开始教，与同年进校的数学、语文教师相比，我一直觉得很失落，因为他们马上就有了做初一班主任的机会。因为没当班主任，也就无法与学生亲密接触，虽然工作很轻松，但我心里空空的，似乎少了些什么。在办公室，我时常悄悄地看其他班主任是怎样教育学生的，回家后对着镜子，模仿那些资深班主任的语气和神情。我想，总有一天我会当上班主任的。

第一节　初当班主任

就在我暗暗羡慕别人、自己独自惆怅的时候，一位初二的班主任因故休假，让我突然有了当班主任的机会。面对这突如其来的幸福，我好几次在心里默默地感谢这位教师。班主任这个特殊的岗位让我对教师职业有了更多的憧憬，作为年轻教师的我，既可以在讲台上充分展示自己在物理学科上的智慧，又能以班主任的身份在学生中展现一个大姐姐的关心和引领，这一切都让我感到兴奋，我暗暗对自己说：一定要成为像韩老师那样的好教师。

等待了那么久，终于成为一名班主任了，心里有的是激动和无措。办公室的前辈很热心，立即给我支招："你第一次当班主任，千万要镇住学生，不要让他们看出你是新手，否则那群'猴子'就要骑到你头上了。""是呀！你一定要对他们凶一点、狠一点。"听着前辈们的谆谆教诲，我信心百倍又迫不及待地开始了我的班主任之旅。我以严格的要求和认真的态度开展班级管理工作，半年下来，我所带班级的班风、学风都比平行班要好一些，得到了学校领导、同事和家长的一致认可，这让我一下子有了信心。那时我精力充沛，整天跟学生在一起，感觉日子过得很快。

班主任不是消防员

由于自己努力地工作，又因为自己是一名物理教师，总是在初二接班，所以校长就把一些升入初二的问题班级交给我，我也似乎总能"力挽狂澜"，久而久之就成了一种固定的模式。

起初，对于这项光荣的任务，初涉班主任岗位的我很得意，认为这是领导对我的信任，更是对我工作的肯定。但随着时间的推移，我逐渐感受到这种认可带来的沉重压力，它让我感到喘不过气来。我就像一名消防员，除了承担一定的教学任务，还要每天忙于处理班级琐事，拖着疲惫的身体回到家时，还总是想着班级里那些问题学生。

当时学校的发展也不尽如人意，社会声誉不断下降，随之而来的是越来越差的生源，一些较为优秀的教师也陆续离开了学校。所有这一切都让我感到茫然，默默地在心里问自己：我的未来在哪儿？

有一次，教育局组织体检，我递上体检表后那位医生非常热情地说："啊，您是××学校（一所市重点学校）的老师?""他看错了吧?"我心里暗暗地想，于是我立即纠正："医生，我是北环中学的老师。""哦？这样啊……"这位医生立即止住了笑容，对我的态度也变得冷淡了，草草给我检查一下就结束了。这件事给我带来不小的打击，走出医院的时候，我不由地掉下了眼泪。我开始怀疑，这么多年来坚守的理想是否正确。

与此同时，学生层出不穷的状况也让我对这一职业产生了厌烦。那时接手的班级中，越来越多的学生不愿意读书，经常有学生逃学。被逼无奈，我练就了一身好本领：骑着自行车寻遍常州市的每个角落，找这个学生，找那个学生。看着那些不想读书的学生接二连三辍学却无能为力时，我再一次问自己：我到底是否适合当教师，是否适合当班主任？那时，每天下班总希望明天不用再上班了。学校、班级成了让我烦恼丛生之地。放暑假的时候，我在心里无数次地祈祷，校长别再安排我当班主任了。不知不觉滋生出的职业倦怠，越来越明显地占据着我的内心，似乎在轻蔑地嘲笑我曾经坚持过的理想！

又接了一个"问题班"

2004年暑假的某天下午，爱人从学校回来，神秘地对我说："告诉你一个坏消息，你可千万要挺住啊！"我的心顿时"咚咚咚"地跳起来，难道又让我接一个初一升上来的问题班吗？虽然有心理准备，可紧接着听到的消息还是让我震惊和绝望了。

如我所料，果然是接了一个问题班，继续做班主任。震惊的是，这个班级绝对不一般。学校将两个问题班中比较好的学生分到另外五个班级，剩下的学生重新组合成了一个新班集体——八年级（1）班，而我将是这个班的班主任！

听到这个消息，我急得眼泪都快掉下来了。"我不想当这个班的班主任!”我在心里无数次地对自己说。我想了很多理由，试图拒绝这样的安排，但每个理由都被自己否决了；我曾在校长办公室的门口徘徊多次，但始终没有勇气跨进去，最后只能自己一个人唉声叹气，并接受这样的现实。

开学后走进办公室，教师们都用同情的目光看着我，似乎是在安慰我，而那些和我搭班的教师只是无奈地低头叹息，让我莫名其妙地对他们产生了一种愧疚感。

校长找到我，安慰道:“不要着急，你思想上不要有任何负担，带这个班级只要不出问题就可以了，成绩也不要太苛刻，尽你最大的努力就好了。”我长长地叹了口气，同时却感到一种深深的无奈和自嘲，一个只要求“稳定”的班级，将会是一个怎样的班级啊，一切未知。我是一个很要强的人，学生时代就有一种不服输的精神，可现在却接手了这个班，真无法想象接下来的两年，我应该如何度过?但内心深处的那份固执，一次次地提醒着我:你是一个不满足于现状的人，困难在你面前又算得了什么?

踏上班级文化建设之旅

接手了这个班级，再怎么艰难，班主任工作还是要按部就班地做。新组成的班级一切都要重新开始，四十多名学生四十多种不同的性格。

印象最深的就是开学第一周的班长选举，选举刚开始教室里就炸开了锅:“选我们（1）班的×××，我们最喜欢他!”“凭什么?我们（2）班的×××也不差!”“选（1）班的!”“选（2）班的!”争吵越来越激烈，作为班主任，我无法接受他们这种“势不两立”的态度，不得不站起来说句话了:“别再（1）班、（2）班了，我们现在就是一个班集体，要团结一致!”争执到最后，班长人选还得我来决定。

随后的一段时间，我一直忙于处理班级中的各种突发事件。比如，赵同学不想来上学，陈同学逃学在家……看着这四十多张充满稚气的脸我真是一筹莫展。有人说一个问题班级往往就是一本书，而我的这本书里有太多的故事，值得我细细品味了。

曙同学是一个个子不高、皮肤黑黑的男生，成绩中等，偏于安静的他没有引起我太多关注。直到有一天，他没来上学也没有请假，准备与其家长联系时，我才翻开他的信息，“单亲”——信息栏中赫然在列的两个大字，让我心中隐隐不安起来。

他的父母离异，姐姐跟随妈妈，他和妹妹则跟随爸爸。爸爸在火车站附近开了一个小旅馆，平时还在外面做生意。曙同学吃住就在这家小旅馆。我第一时间与他的爸爸取得了联系，但他爸爸说自己在外地，家里的事情不太清楚，于是给了我他家的地址，说麻烦我去一趟他家了解情况。

我好不容易找到了这家位于火车站旁的小旅馆，旅馆环境很差，阴暗、潮湿。通过服务员我找到了曙同学住的房间，很小，黑乎乎的，房间里还有一股难闻的气味。还没睡醒的曙同学勉强睁开了眼，我问他为什么不去上课时，他不好意思地说“睡过头了”，原因是昨天晚上看旅馆的客人打牌到凌晨两点多。我很内疚，为自己没有早点关注这个孩子而自责，也为这个孩子的处境感到惋惜。我没有批评他，而是异常平静地让他赶紧起床洗漱，跟我回学校，并在路上给他买了早饭。

在与曙同学的进一步交流中，我了解到他平时吃住都是自己负责，爸爸定期给他钱。他总与旅馆的客人打交道，受到一些不好的影响，让他有了这个年龄不应有的成熟。

在以后的日子里，我努力给予曙同学更多的关心与爱。我经常找他谈心，过节时会把他和另外一些单亲家庭的孩子邀请到家中包饺子。我还辗转联系到了他的妈妈，并做了她的思想工作，她答应在曙同学初三那年由她照顾。慢慢地，我从曙同学的脸上看到了那久违的阳光、天真、幸福的笑容。

班里像曙同学这样的学生还有好几个，而他的家长很配合我的工作，可小雪的母亲就不那么讲道理了。我几次到她们母女俩租住的房子里，与她沟通小雪的学习和交友情况，她都不理解，认为我是故意针对她女儿。连续几天没来上学的小雪给我寄来一封信，信中提到她父母离异，母亲整天在外应酬，回家就抽烟，搞得家里乌烟瘴气的，她一点学习的兴趣都没有了，只想早点出去工作，离开这个不完整的家。我拿着这封信赶到小雪家，试图让小雪的妈妈赶紧想办法找回女儿，可小雪的妈妈一点都没感觉到自己给孩子造成的伤害，反而冲着我大吼大叫，还把我赶出了门。我委屈地含着眼泪走回学校……

无奈、厌倦和烦躁悄悄滋生，占满了我的心，让我对这个班级产生了无限的恐惧。天无绝人之路，2004 年 8 月，陈小平校长调来北环中学。令我没有想到的是，他的改革成了改变我班主任生涯的起点。

在一次班主任会上，陈校长提出在全校开展班级文化建设，这一想法立刻在班主任中引起了不小的轰动。“什么是班级文化？”“怎么做呀？”“这到底要干什么呀？”“先看看，让年轻人先做吧！”……大家都不知所措。

我该怎么办呢？先观望还是先试着做一做？思考几天后，我终于做出了决定：我何不试试呢，反正我带的班级是全校成绩最差的，放手一搏吧，大不了失败了再重新开始。

但自己带的毕竟是这样一个特殊班级，一切应该低调。有了这样的想法，我也不敢大胆表露，心里期待着陈校长能给出明确的指令，或者让那些优秀的班级先做起来，我也好跟着学。可两周过去了，也没有什么动静，难道陈校长也只是说说而已？

我带着这样的疑问，暗暗开始琢磨起班级文化建设来。去图书馆借书，凡是与班级文化建设搭边的我都看；去百度搜索，凡是与班级文化建设有关的理论知识我都做摘录。尽管这样，脑子里还是一片空白，不知从何做起。正当我感到万般困惑时，陈校长提出了许多建议，我就在似懂非懂的状况下，与学生一起开始了我们的班级文化探索之旅。

绿色文化的诞生

当我们开始迈出班级文化建设的第一步时，陈校长就提出了“文化建设主题”这一理念。说实话，该确立何种主题，面对众多的问题学生，我毫无头绪。回想初涉教师职业时，所带的第一个班级经常有学生逃学，那时的班主任似乎都具有一种本领——寻找“出逃”的学生。当时，我也有过这样的经历。一天，我们班有三名女生没来上学也没有请假，当我家访时，她们的父母也不知道她们去了哪里。只有小昕的妈妈提供了一点线索：她家是开茶叶店的，今天上午她发现店里少了好几盒茶叶，起初还以为是自己记错了。现在想来，应该是小昕拿去换钱了。于是，一场紧张而艰难的搜索行动开始了。

三天后，学校总务处接到一个电话，说在郊区的一个村子里，发现三个穿着我们北环中学校服的女孩子，三个人都已疲惫不堪。终于有了线索，我立即骑上自行车，一路飞奔，终于在一个郊区的小阁楼里找到了她们。当我出现在她们面前时，她们正紧紧地蜷缩在阁楼的角落里。

虽然很生气，但我还是忍住了怒火。回到学校后，我逐一与她们交流了解了事情的原委：小红知道了自己是被领养的事，无法面对现在的父母，想去找亲生父母；小郭生活在单亲家庭，爸爸经常在外面赌博，回家也总是训斥她，她就经常偷偷去溜冰场，在溜冰场结识了社会青年陶，爸爸知道后，一怒之下将她赶出了家门；小昕则是小红和小郭的好朋友，出走纯属“两肋插刀”。了解了这些情况后，我再也没有理由来批评这些学生了，对家庭无奈、对班级没有归属感，自然就对学习失去了信心。她们的逃离正说明了我班级管理的失败。

现在，面对“文化建设主题谁来定”这个问题，我的思绪一下子被拉回几年前的这些学生身上。要增强一个班级的凝聚力，将学生紧紧地吸引到班集体中，文化建设的主题很重要，因为它是深触学生灵魂的一种力量和信仰。如果由我来定班级文化主题，肯定可以缩短时间，而且也比较合理，但学生是否认同呢？经过再三考虑，我决定让学生来定，因为他们需要的才是最重要的。

于是，我召集学生展开讨论，分析班级现状，分析班级目前最缺少什么、最需要什么。学生对班级的现状很清楚、很了解，他们分析出班级最缺少的是良好的班风、学风以及较强的凝聚力。大家都觉得现在的八年级（1）班迫切需要一种健康、向上的文化。

经过多次讨论、交流后，“绿色文化”这一主题诞生了，也因此，我们将班级命名为绿色文化班，因为绿色象征着生命、象征着活力。在此基础上我们还制订了班级文化建设的总目标：做人是根本，学习是生命，班风是灵魂，特色是个性。

我认为带领学生参与文化建设主题的讨论能有效统一学生的思想，让学生在文化建设的初期就达成共识。

接着，陈校长又指出，一个班级就像一个人，要有思想、有性格、有精神，因此希望我们能围绕班级文化主题确立班级精神以及班训。有了文化建设主题的成功经验，我再次将任务抛给学生。学生很兴奋，经过多次争论，他们精心构思的班训出台了：对人、对己、对事，豁达开朗；勤学、勤思、勤问，奋发向上。班级精神：保持一份绿色心态，开创一片绿色天地，营造一种绿色氛围，攀登一座绿色山峰。每天用这样的口号激励自己，学生很兴奋。

陈校长的要求越来越高，第三步是要各班设计出展现班级文化风采的班徽。没有这方面特长和爱好的我只能将“权力”下放给学生，决定在班级中开展班徽设计比赛。全班同学积极投入比赛中，大家都结合自己对绿色文化的理解设计了班徽样本。我把学生设计的班徽张贴在教室里，让大家评选。别小看这个过程，我能明显感觉到全班四十多名学生的心在这种思想的碰撞中慢慢地靠在了一起。经过评选，我班的班徽最终确定下来，可当时教师和学生的电脑水平都不高，无法将设计完美呈现出来。

就在我一筹莫展的时候，班中的蔡同学，一个平时很喜欢在电脑上涂涂画画的女孩，告诉我她的表姐在广告公司做设计，能将我们的创意展现出来。一周后，令人骄傲的班徽呈现在大家面前。

绿色文化班班徽

班徽以绿色为基调，象征我班主题“绿色文化”，“绿叶”代表绿色的环境，充满生机和活力。梭子形图案代表眼睛，眼睛中充满智慧的光芒，眼睛正中的“1”代表学生用眼睛观察健康、向上的文化风采。“No. 1”既表示我们是（1）班，又代表勇夺第一的信念，红色的“1”象征积极向上、勇攀高峰、坚忍不拔。

就这样，班级建设主题“绿色文化”正式诞生了，这抹绿色整整陪伴了我们两年，让绿色文化班的每个人都感受到它的生机与活力，健康与向上！

在引导学生确定班级文化建设的主题时，我考虑到了以下几点：（1）结合学生的实际情况；（2）寻找触动学生心灵的恰当切入点；（3）内容充实，贴近生活，能提起学生的兴趣；（4）灵活、恰当、丰富多彩的组织形式。

班歌比赛我们班得了第一名

学校在大力营造班级文化氛围的同时，组织了“唱响自己的班歌”活动，由全班师生合写班歌，音乐教师谱曲，师生共唱班歌，进行班歌合唱比赛。班歌要体现班级精神，展示学生的青春活力！

说起绿色文化班的班歌创作，还真有点曲折。听说要创作班歌，很多学生围到我身边，七嘴八舌地说：“老师，我们也能创作歌曲吗？”“老师，这首歌是属于我们自己的吗？”……看得出来，他们很高兴，也很激动。我鼓励他们说：“我们要唱响的是我们自己的班歌，所以，我希望看到的是原创！”我的鼓励，让四十多颗心一起跳动起来。几天后，几十首充满激情、充满活力、充满生命的歌词陆陆续续交到我的手中，最后杨同学创作的一首《放飞希望》得到了大家的一致认可。

绿色文化班班歌《放飞希望》

词：杨云云　曲：朱霞

绿色的校园广场，快乐的白鸽带来了我们的希望；

安静的教室课堂，敬爱的老师培育出祖国的栋梁。

流下了辛勤的汗水，看见了成长的希望；

青春留给我们记载，因为我们拥有希望。

啊！让我们张开美丽的翅膀；

啊！让我们张望奇特的东方。

放飞希望，放飞理想；放飞希望，放飞理想。

在阳光下成长，我们创造辉煌！

有了歌词，可怎么配曲子呢？这可不是随便什么人都能做到的。我突然想到了教音乐的朱老师，我们北环中学的校歌就是她创作的，如果我们能够说服朱老师帮我们创作班歌的曲子，那该多好啊！

想到就要实施行动，于是我带着几名学生诚恳地求助于朱老师。我们的真情感动了朱老师，她非常爽快地答应为我们的班歌谱曲。一个月后，班歌新鲜出炉了！我清晰地记得，在每天午饭过后，学生都会自觉地齐唱班歌。他们说："这首班歌是我们的灵魂，是我们的导航灯。我们是叶叶扁舟，在滔滔江河中，随着班歌的指引乘风破浪，奋勇前进，流下了辛勤的汗水，看见了成功的希望。"大家沉浸在班歌或者说是班级精神带来的一种无穷力量中，真可谓用"文"来"化"人，引起学生思想上的共鸣和碰撞，改变着学生的精神面貌。有学生写道："这首班歌体现了当代中学生的追求和乐观态度，充满着时代的气息。"就是这首班歌，给我们这个集体带来了巨大的变化。

终于，我们迎来了学校组织的"唱响自己的班歌"比赛。比赛前，我真为学生捏了把汗。因为其他班级都有现成曲子的伴奏带，音响一放，很有气势。而我们的班歌是原创，没有配乐带，朱老师又没办法将钢琴搬到操场上，情急之下，朱老师决定用电子琴帮我们班学生伴奏。在偌大的操场上，这样的配乐会产生怎样的效果，我连想都不敢想，也不敢奢望能取得什么优异的成绩，只想让每个学生充分体验这个从创作到练习再到表演的过程。

当听到主持人说下一个出场的是我们班时，我的手心都急出了汗。虽然电子琴的声音没有那么震撼，但绿色文化班的每一员都在用自己的心、自己的情演绎这首班歌。班歌中透出的是全班同学对学校的热爱、对班级的热爱、对生活的热爱！整齐响亮的歌声响彻云霄！

时间一分一秒地过去，我和学生焦急地等待着现场打分。终于，从校长热情洋溢的话语中，我们听到了一个超乎绿色文化班所有人想象的成绩：绿色文化班获得第一名！

当校长宣布这个好消息的时候，我们大家紧紧拥抱在一起。当我们从操场走回教室时，其他班的学生拉住我，对我说："吕老师，看样子，今后我要对你们班刮目相看了！"是啊！一个重新组合的新集体，一个缺少荣誉感的集体，却在学校班歌大比拼中赢得了第一名！这个成绩，大大增强了班级的凝聚力。

这时的我，脑海中浮现出不久前发生在学校操场上的一幕：班中的刘同学默默地在操场上哭，眼中满是绝望和痛苦。教导主任看到后把他叫到办公室，询问他为何如此伤心，刘同学抽泣着说："为什么不把我调离这个集体，在这个班呆下去我还有什么希望？"教导主任把他交给我，并转达了他的原话。当时，似乎有无数的针刺痛了我的心。我没有责怪刘同学，而是耐心地与他交流，我无法立刻扭转他的想法只能在心里默默地对自己说："不能让他失望，我要建设一个让每个学生都快乐成长又引以为豪的班集体！"今天，我们终于感受到了这份自豪，我悄悄看了看刘同学，他天真的脸上写满自豪和自信！也许，这时，他已经在为自己是绿色文化班的一员而感到幸运了！有学生在周记中写道："这张沉甸甸的奖状凝聚了我们绿色文化班全体学生和班主任的心血，我们正在放飞希望，放飞理想，在阳光下成长，创造辉煌！"

在故事中成长

大家都知道，班主任经常要做学生的思想工作，而做思想工作，免不了说教。作为一名班主任，每天都会对学生进行几分钟的思想教育，但这种机械单一的方式和枯燥的说教往往会引起学生的反感和厌倦，时间久了，学生会送给你两个字——唠叨。班主任大会小会强调，而学生依然如故，这种尴尬局面还是很伤老师自尊心的。

与绿色文化班的学生相处了一段时间后，我明显感觉到了他们的惰性、消极和浮躁。用什么样的方法才可以避免令学生厌烦的说教，潜移默化地改变他们的思想呢？我一直在尝试着寻找合适的方法。于是，我想到了故事。故事以生动的情节、丰富的内容、瑰丽的想象，魔术般地吸引着学生。在我们幼年时，父母为什么常常给我们讲各种童话、寓言故事，无非是想引导我们在听故事的过程中主动调动自己的形象思维和道德认识去领悟故事的精髓，辨别是非对错、善恶丑美。

一则小故事蕴含着深刻的道理，一段小经历浓缩了生命的真谛，这就是《智慧背囊》的特点。周末，爱看书的儿子是必须去书店的，陪儿子看书的时候我也会顺便找些书看，一次随手翻书时看到一本《智慧背囊》。《智慧背囊》四个字一下子吸引了我，我被书中富有哲理的故事征服了，脑子里冒出一个想法：不如好好利用这本书中的故事来感染学生。于是就有了每天中午十分钟左右的“智慧分享”时间。我每天坚持自己先阅读，然后利用中午休息的时间有针对性地向学生推荐一则故事，读完故事后再请几位同学谈自己的感想。一个月下来，我从学生的日记中感觉到了他们的变化，他们从这些小故事中学会了自强、自信、乐观、感恩。同时，我也感觉到了自己的变化，每读完一篇文章，我都会产生很多感想，这些感想激励着我的每一天。很快，这个小小的活动就受到了同学们的喜爱，班中有很多同学还买了类似的书。

有一天，菁菁在家校联系本上给我留了一段话：“吕老师，很感谢您每天给我们推荐一则智慧小故事。以前，我觉得学习很没意思，又很辛苦，即使把书读好，也不一定有出息，但听了您推荐的故事，我想我该改变自己的想法了。您读的一则则小故事，让我认识到生命的价值、人生的意义，让我有了战胜困难的勇气。我觉得自己现在吃点苦也是值得的。况且现在和大家在一起学习、生活本身就是一种幸福的经历。谢谢您，吕老师！顺便再告诉您一个秘密，我以前是最怕写作文的，总觉得无话可说，可现在不一样了，我的作文有了很深的立意，多次受到老师的表扬！”

萧伯纳说过："倘若你有一种思想，我也有一种思想，而我们彼此交流思想，那么，我们每个人将各有两种思想。"这或许就是智慧故事受欢迎的原因吧！

后来，我每天推荐智慧故事的权利被学生"剥夺"了，他们提出由他们自己来推荐优秀小故事，我自然是支持的。这个活动坚持了整整两年，成为每天大家饭后必做的"功课"，通过这个活动学生和老师的心灵都得到了净化，学生写作时也觉得有话可说了，学生的思想得到了升华。

"智慧分享""故事交流"这样的班级活动一直延续到我后来带的每一个班级中，成为我带班的"保留节目"。《读者》《意林》成为受学生欢迎的书籍，我还鼓励学生利用现代技术从网上搜索一些励志故事的视频，例如《海尔的故事》《永不放弃》《蜗牛》等，给学生以强烈震撼。

创建绿色的班级环境

苏联教育家苏霍姆林斯基说过："让教室的每一面墙壁都会说话。"于是，在洗涤学生心灵世界的过程中，我有意识地通过班级环境布置，为学生构建一种有利于学习的外部文化环境。我充分利用黑板一角、黑板报、墙壁、卫生柜等，为学生创设积极、健康、向上的氛围，陶冶学生的情操。

名言警句对学生有"润物细无声"之妙。于是我利用黑板一角开辟了"每日名言园地"，由学生负责每天摘抄一句名言警句。学习一句名言警句，对学生的思想变化并无立竿见影的效果，但是只要每天坚持不懈，必然会对学生思想的变化、世界观的形成产生潜移默化的影响。

我班还充分发挥了班级黑板报这个宣传窗口的作用，在每期的黑板报上开辟“学习园地”“师生寄语”“回音壁”等板块。“学习园地”主要介绍好的学习方法。“师生寄语”每次邀请一位学生和一位任课教师写一段“寄语”，使学生和教师之间有了沟通的桥梁，增进了师生感情。“回音壁”侧重于解决和回答学生在学习和生活中遇到的问题，帮助学生找到正确的解决方法、树立正确的人生观。

在教室后面的墙壁上我们还专门设置了一个“青春起跑线”展示板，展示板用来张贴一些成绩优异、表现突出和进步明显的学生的照片，以发挥榜样的作用，激励学生不断进步，营造一种向上的文化氛围。在四周的墙壁上我们会不定期地展示不同专题、不同形式的园地专栏、学生佳作欣赏，有爱心捐款公示、学生名言集等，这些文字或图画都是积极的、催人奋进的。小小的墙壁成了班级信息交流、师生沟通了解、培养学生个性发展的重要媒体。

我们利用教室的卫生角摆放了花卉盆景，既能绿化教室环境、净化教室空气、陶冶学生情操，又能成为一种教育资源，培养学生热爱自然、热爱生命的意识。每天都有学生自觉为盆景浇水，把它们搬到太阳底下晒太阳，这是一种人与自然的和谐。

在教室后面的角落我们还设立了“绿色文丛”，用以向学生推荐健康、进取的书籍，培养学生的阅读习惯。

功夫不负有心人，我越来越感觉到学生的变化，他们开始爱自己的班级，开始懂得课堂上应该做些什么，开始知道学习需要什么……这时我终于有勇气从那个不想追求学习成绩的“怪圈”中走出来，我开始意识到原来这些学生也可以有美好的明天。

为了营造班级良好的学习氛围，我让每个学生制订自己的学习目标，给他们发了一张“课桌文化卡”，让每个学生都有自己崇拜的人和竞争的对手，有目标、有动力、有行动。学生会及时更新文化卡，以追逐更新更高的目标。随着这种竞争意识的产生，班级中有了你追我赶的学习氛围。

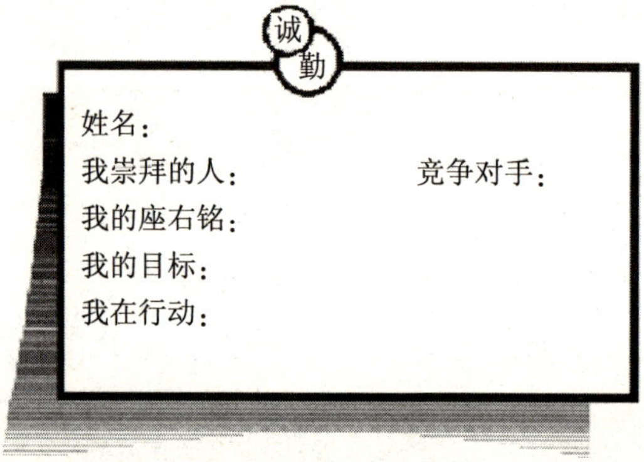

绿色文化班课桌文化卡

每天早晨来到教室，都有一种清新的感觉，教室的布置井井有条，文化气息扑面而来，给学生一天的学习带来无限的动力。

值日班长与“绿色日记”

班级在绿色文化的引领下悄悄地发生着变化，学生开始认同这个班集体了，但我还是无法让每个学生都成为班级的主人，靠班长管理的自习课纪律得不到保障。一天，班长杨同学哭着找到我：“吕老师，我不想当班长了，您把我撤了吧！”

“别哭啊，怎么啦？有什么委屈告诉老师。”我连忙安慰她，要知道，杨同学可是班中为数不多的、肯努力学习的好学生啊。

“班里那几个男生总是不遵守纪律，我批评他们，他们还不服气，让我别多管闲事。”看样子杨同学已经忍了很多次，这次是忍无可忍了。

我得想办法安抚一下这个小帮手：“他们的话你可别当真啊，他们巴不得你不当班长呢，那样就没人管他们了。”

“那就让他们自己来管自己，让他们也尝尝这个滋味。”杨同学还在气头上。

对呀，这真是个妙计，让那帮调皮捣蛋的学生也来当班长，也许这样他们就能体会到管理班级是件很不容易的事。杨同学的话给了我灵感。

于是，我马上到教室宣布：从今天起，除了由班长管理班级的事务外，每天还要由两名同学担任“值日班长”，辅助班长管理班级事务。为了让学生的工作有目标，我还专门设计了班级日记——绿色日记。绿色文化班的民主管理就这样拉开了序幕。

值日班长记录的“绿色日记”，使班级有了一面映照集体风貌、折射个人思想的镜子。同学间、师生间的各种情况，都会在这里清晰地反映出来。作为班主任，有了这样的第一手资料，便能做到该表扬的表扬、该谈话的谈话、该开展的活动及时进行，班级工作可以做到有的放矢了。班主任拥有了日记这面“显微镜”，并随时做好“微调”工作，才能把学生凝聚成一个同舟共济的文明集体。为了防止“绿色日记”成为“告状书”，我除了让值日班长记录下班级一天中发生的主要事件外，还主张学生带着一双善于发现的眼睛，多记录一些班级中的“亮点”，留下每位学生进步的脚印，增强学生的自信心。

绿色文化班之“绿色日记”

日期：______月______日　　　　　　　　　　　　　　值日班长____________

今日名言	
出勤记录	
作业情况	
课堂表现	
值日卫生	
自习纪律	
今日亮点	
小小建议	
今日小结	
其他（班会记录等）	

在“绿色日记”的引领下，我们利用班会课开展“每月论坛”，全班同学和老师一起，针对班里某天发生的某人某事发表评论，或肯定、或否定，最后达成共识，帮助学生树立正确的是非观、价值观。

一天，一位同学在家校联系本上写道：“今天是林××当值日班长，他可是扬眉吐气了，眼睛一眨不眨地盯着大家。从卫生到纪律他样样都要管，动不动就说‘今天我是老大’，让大家觉得又好气又好笑。不过，今天的纪律还真不错。希望林××每天都能有这么好的表现。”是啊，林同学可是我们班的一个“老大难”，平时学习成绩差，还爱捣乱，轮到他当值日班长了，他能体会到这个职务的重要性，并能尽心尽责做好这个工作，说明他有了班级主人翁的意识。

一次不寻常的家长会

开好一次家长会对班主任来说也是一种考验和挑战。家长会本应是家长和教师的沟通会，但往往会开成教师的“告状会”、家长的受训会，这样的家长会是没有效果的。于是我对绿色文化班进入九年级的第一次家长会做了大胆的改革。

与往常一样，在开学的第二周要召开学生家长会。以前的毕业班家长会，我都会营造一种“紧张”的氛围，意在让学生更让家长感受到九年级的重要性。但我这次并没有从这方面入手，相反，我打算将“爱、沟通、理解、鼓励”作为这次家长会的主题。我觉得九年级这一年的学习是教师、家长、学生的一次“共同作战”，是一个整体，只有三方相互支持、相互配合才能取得最好的结果。抱着试试看的态度，我开始着手准备这次家长会。

我为每位学生和家长准备了一封书信，这封信以学生的口吻表达了作为一名初中毕业生，对父母多年来给予的关爱的感激之情。我还在书信中特意设置了两个留白，一处是让学生将进入九年级后的一些困惑与烦恼告诉自己的爸爸妈妈，一处是让家长在读完孩子的信后写出回信。

绿色文化班家长会书信

"十年寒窗苦"，作为毕业班学生，我即将迎来人生道路上的一次重要选择。在这十几年里，我的任性、调皮和不懂事给你们增添了许多烦恼，你们却毫无怨言地、无私地将一切爱都给了我，为我编织了一道道光环。在我失意的时候，你们给我鼓励；在我得意的时候，你们给我忠告；在我犹豫的时候，你们给我祝福。你们的关爱在我心中永驻，无论是我已经取得了一点成功，或是还令你们失望，我都充满信心，决心不懈追求，去实现我最美好的愿望。你们的支持，是我最坚强的后盾。在嘹亮的号角即将吹响之际，我有许多目标与打算，也有一些困惑和焦虑，想告诉我最亲爱的爸爸妈妈________。

轻轻地告诉你：____________________。

周四中午，我带着我的设想和信纸、信封走进了教室，将我的想法告诉了学生。学生有的惊讶、有的羞涩，也有的激动。起初他们有些犹豫，迟迟不愿动笔。我鼓励他们说："放心吧，你们尽管大胆地写，吕老师保证不偷看。"这下子，教室里就只听到"唰唰唰"的写字声了。写完后，他们小心地把信折好，装进了信封。

下午六点多钟，家长会开始了。校长讲话和一番常规的介绍结束后，我请两位留下来帮忙的学生将信发给了家长，并向家长说明写信的目的和要求。

教室里出奇的安静，家长拿着信仔细地阅读着，生怕漏掉一个字，看了多遍，才提起笔，给自己的孩子回信。他们是那么认真，让我心里涌起一股热浪，我突然意识到或者说是开始坚信我的这种做法是对的。为了让家长有更多的时间去思考孩子的话语，我一反常态，没有对家长提过多要求，他们的孩子却对他们提出了一些要求（这是后来才知道的）。例如，让妈妈少看电视，让爸爸带他去书店买一些参考书，让爸爸妈妈多给他提一些要求等。而家长也在回信中答复了孩子，并对孩子进行了鼓励。

家长会在晚上八点准时结束，我抱着一大沓信回到了家里。我并不是要看学生的信，而是觉得我也应该参与到这次有意义的活动中来。于是我给每位学生都写了一张小纸条，纸条上是希望和祝福，我想给他们一个惊喜。写完最后一张纸条，已经是深夜，我带着得意和激动进入了梦乡。

结果当然不用多说，第二天每个学生都读到了两封信，来自两个关心他（她）的亲人的鼓励和祝福，这一段幸福的时光让他们久久难以平静，直到早读课老师走进教室，他们才依依不舍地将信塞进书包。我大声地问："你们满意吗?""满意!"望着早读课老师诧异的目光，我们都笑了!

就这样，一次家长会在充满爱的氛围中结束了。我想，我和学生、家长的距离更近了，我们都能充满信心地踏上征途了。

家长会后，有家长给我打来电话："吕老师，谢谢您精心准备的这次家长会，这是我九年来参加的最有意义的一次家长会。我跟儿子不要说是写信了，平时就连话都很少说。我平时应酬多，晚上回家他已经睡觉了，早晨他出门时我还没起床。通过这次家长会我才知道原来孩子已经长大了，他有了自己的想法，他很想让我多陪陪他。吕老师，我以后真该多关心一下自己的儿子了。"还有的家长打电话给我说："我的女儿在信中说我可以对她提出更高的要求，她能做得更好。我真的很高兴、很欣慰。"

每年的圣诞节，我都会和班中一些单亲家庭的学生一起过。那一次顾同学就跟我们提起了她的父亲和继母。她的父亲因为有了钱，就将她的母亲抛弃了，带着顾同学到了常州，又给她找了一个继母。顾同学对父亲的这一做法很不满，背着父亲处处与继母作对。她说要将母亲失去的一切都抢回来，继母花掉父亲多少钱，她就要替母亲花掉父亲多少钱。于是，她与继母之间经常发生争执，但是在父亲面前却装得很和睦。听着她的讲述我很心疼，这样一个花样年华的女孩，本应享受着父母的爱，但她却要在这么复杂的环境中成长。通过这次家长会，顾同学第一次通过书信跟父亲讲出了她的心事，而她的父亲也给我打来电话，他说以后一定会多关心女儿。

在绿色文化的引领下，我欣喜地看到绿色文化班在健康、向上、和谐的环境中成长，学生的学习成绩也有了很大的提高。2006 年 6 月是一个丰收的季节，绿色文化班的学生给了我一个大大的惊喜，在这年的中考中，他们取得了很好的成绩，想着两年来的努力和付出我百感交集。

一份特别的毕业礼物

转眼间，接手绿色文化班已经两年了，从起初的“不愿意”变成了分别时的“舍不得”。

毕业典礼前夕，我问学生：“毕业了，想吕老师送什么给你们留作纪念啊?”“老师们的签名吧!”“我们再聚餐一次吧!”“我们去唱卡拉OK 吧!”学生七嘴八舌地议论着。

我发现平时很有见解的杜同学一直没说话，好像在思考着什么：“杜××，说说你的想法吧。”“吕老师，我想能不能把我们班的班级文化资料印发给我们，班训、班级精神、班歌、班徽，我们可以永远记在心里！以后十年、二十年再聚会，我们还可以一起回味绿色文化班所经历的点点滴滴，一起唱唱班歌!”杜同学一番真诚的话打动了所有同学，大家都觉得他讲得很有道理。于是，我着手准备了所有关于绿色文化班的资料，在整理的过程中，这两年来的点点滴滴，不断涌现在我的脑海中，让我幸福、让我感动、让我伤心、让我不舍……

毕业典礼那天，坐在学校大教室里的绿色文化班的同学别提有多自豪和幸福了，因为他们除了拿到了毕业证书外，还收到了特别的礼物——班级文化资料，其他班级的同学看了都很羡慕！

第二节　再次成为班主任

两年班级文化建设的探索和实践塑造了一个全新的我，一个所有人都对它没有要求的班级最后取得了如此辉煌的成绩，让我在忙碌中看到了希望，也隐约找回了最初的梦想。

看到这样的成绩，也许大家都会觉得我应该感觉很幸福，应该对自己的班主任工作很满意，也很有信心，但当时我并不是这样想的，在这两年里，班级文化建设的初步尝试夹杂着传统的强势管理，让我觉得身心疲惫，“消防员”的角色？大胆的创新者？这一次的成功是否代表着将来？将来还会出现多少个问题班级？一个个问号在我的脑海里涌现，使我对于做班主任这件事，仍充满着害怕和无奈。

2006年我又接手了新的班级——合作文化班，这时，整个北环中学的班级文化建设已经在全校展开，校园“和”文化建设的大环境给我们每位教师带来了生机与活力！

接手了新的班级后，一切都得重新开始，有了前两年的经验，工作开展起来我自信多了。在认同和完善班级已经建立的文化主题的前提下，我着重从制度文化的建设入手。

为自己的班级起个名字

一个班级就是一个家，想着这些，我请学校的美术老师给我们合作文化班拍了一张全家福，然后去照相馆放大后贴在教室门口，来来往往的学生和老师看了都很羡慕。

有一天，吴同学站在门口静静地看了那张全家福很久，我走过去拍了他一下：“看什么呢?”“吕老师，没什么，只是……”吴同学摸摸自己的脑袋，却不知该说什么。“只是什么？尽管说。”我想看看这个学生到底想到什么了。吴同学说：“我觉得这张照片上少了些什么。”“没有呀，一个也没少呀。”我有点不知所以。“吕老师，我们可不可以给这个家取个名字呢？这样的家才会更温馨。”吴同学的这一创意让我眼前一亮，是呀，给自己的家取个名字，多好的想法。

于是我发动班中的学生为这个家取名字，“幸福家园”“快乐驿站”等有着很好寓意的名字让我看得眼花缭乱，不知选择哪个好，最后只能让大家投票决定。最终朱同学的创意得到了大家的一致认可——38℃造星坊。人体体温达到38℃处于发烧状态，“38℃”寓意着他们想成为学习的发烧友，“造星坊”的含义是将来他们无论在哪一行哪一业都是这个行业的明星。于是，一个有着深刻寓意、代表学生思想和愿景的班名张贴在了教室门上，从此我们班级就有了自己的名字——38℃造星坊，这使学生产生了强烈的归属感。

“班级公约”自己订

学生犯了错，做班主任的往往会让他们去看教室后面张贴的“中学生守则”，守则中有十条对学生的要求。经常看这十条守则，很多学生都会背了，但这些宽泛的规范对学生的约束力是远远不够的。

我把这个想法与陈校长进行了交流，他肯定了我的观点："你可以鼓励学生自己制订规范，就叫'班级公约'！""班级公约"应该怎样来制订呢？请教了陈校长后，我们班就开始了"班级公约"的制订活动。经过全班同学的讨论和交流，符合班级情况的"班级公约"终于出台了。

"班级公约"分为序言、总则、班规三部分。

合作文化班之"班级公约"

一、序言

没有学识、没有实践的人犹如一块土地，即使土地再肥沃，但倘若不经耕耘和播种，也结不出丰硕的果实；没有纪律、没有合作的班级犹如散落的珠子，即使珠子再美，但倘若不被精心串起，也无法成为引人注目的项链。为了自己，为了班级，我们应该规范自己的行为，提高自身素质，携手向前，创建最好的集体！

二、总则

一个中心：以班级文化建设为中心

两个基本点：合作　奋进

三个学会：学会做人，学会学习，学会处事

学会做人：道德上做个好人，学习上做个能人

学会学习：学习上不断进取，培养学习能力和创新精神

学会处事：学会正确处理与父母、老师、同学之间的关系

三、班规

1. 道德条例

必须尊敬老师，不准无理顶撞；

必须孝敬父母，不准顶撞骄横；

必须团结同学，不准歧视欺侮；

必须文明休息，不准课间打闹；

必须衣着整洁，不准着装怪异；

必须举止文明，不准打架骂人；

必须热爱劳动，不准乱扔垃圾；

必须关心集体，不准损坏公物。

2. 纪律条例

要遵纪守法，不违规违纪；

要按时到校，不迟到早退；

要认真听讲，不随便讲话；

要坚持锻炼，不无故缺席。

3. 学习条例

提倡作业认真完成，比质量、比效率；

提倡上课认真听讲，比发言、比思考；

提倡学习积极主动，比进步、比创新；

提倡课后分秒必争，比速度、比发展；

提倡学习互帮互助，比合作、比团结。

这一学生公认的“班级公约”，不仅为全班同学提出了共同遵守的准则，还为学生提供了自觉约束自己而又互相督促他人言行的指南。

成立班级银行，增强学生荣誉感

制订了“班级公约”，就要根据公约中的班规来实行奖罚。那如何来评价学生平时的表现呢？这时教育局正好推出了“学生综合素质评定”，主张按百分比来划分学生的素质等级。于是我想到一个方法：不如将我们的“班级公约”和“学生综合素质评定”相结合，成立一个“班级银行”。凡是愿意加入“班级银行”的学生都持有红卡，结合班规制订奖罚积分，积满 50 分即可换得黄卡、绿卡、银卡、金卡等不同等级的“银行卡”，最后凭借“银行卡”的等级评定学生的综合素质等级，这样对每个学生都很公平。为此，我还特意为学生制作了“存款单”（如下）。

“班级银行”存款单

存款人：	存款值（分）：
存款事由：	
累计金额（分）：	
	经办人：
	日期：　年　月　日

“班级银行”的宣传海报一出来我就特别关注学生的反应。大家都积极加入“班级银行”，但起初“银行”的生意很不景气，学生总是被减分，缺少主动为自己加分的意识。于是我利用不同的场合为我们的“班级银行”做宣传，对一些优秀学生给予表扬，激发大家的参与意识。果然，在我的鼓动下，“银行”的生意越来越好。负责统计结果的“银行职员”开始向我抱怨了：“吕老师，最近他们都拼命加分，我们都忙不过来了！”“生意这么好啊！你们应该感到高兴啊！”我得做好这几个学生的思想工作，“实在忙不过来，你们就带回家去统计吧！”

这一活动的开展大大激励了学生，每个学生都为自己的荣誉而努力，在班中形成了进取向上的氛围。

班级结构改革初尝试

在一个班中，班干部的培养非常重要，每接手一个班级，我都有意识地培养一些得力助手，班长、副班长、学习委员、劳动委员，等等。这些班干部虽然认真、负责，能力也不错，但要负责全班的所有事务还是有些力不从心。特别是到了九年级，学生的功课紧了，能用来关心班级的时间越来越少，很多事务只能由班主任亲力亲为，但这样学生的能力得不到发展。于是我一直思考一个问题：能不能让班级中更多的学生参与到班级管理和建设中来，让每个学生都成为班级的主人，让每个学生都找到自己在班级中的位置？这样才能真正调动起学生的积极性，才能真正减轻班主任的工作负担。

苏霍姆林斯基曾经说过，只有能够激发学生去进行自我教育的教育，才是真正的教育。作为班主任的最大价值，是促进学生的发展。我想班级就应该是学生自己的班级，应该由学生自己管理。

中国人民大学附属中学王金战老师也说过，马和牛赛跑，牛肯定输，但这不是牛无能，而是安排这种比赛的人无能。因为他只看到了马的速度，却没有看到牛的力量。而作为一线的教育工作者，面对同样的一份试卷，同样的一个标准，却要让千军万马一起过独木桥，这又是一种何等的无能啊！为什么我们不能发挥每个学生的长处，让他们在学校生活中找到自己的闪光点，成就自己未来的梦想？

加德纳在多元智能理论中指出，每个人都有自己的优势智能，也有自己的弱势智能。要善于发现每个学生的长处，最大限度地发挥每个学生的作用。这一想法在我的脑海中逐渐形成。

一个班级中的学生如果全部用成绩来衡量，那就会出现“沉默的大多数”现象。该如何发挥每个学生的最大价值，让每个学生都能在班级中找到一席之地呢？思考良久，我认为应该将班级的各项事务真正地交给学生，让学生担负起建设班级的重任，培养他们的主人翁意识。这样一来，不但将班主任从烦琐的班级事务中解放出来，而且充分调动了学生的积极性，也让学生在班级中实现了自己的价值。于是一个个项目组在我的脑海浮现出来：学习项目组、纪律项目组、卫生项目组、宣传项目组、生活项目组、体育项目组，等等。

有了初步的想法后，我将自己的设想与学生进行交流，鼓励学生根据自己的特长、兴趣选择不同的项目组。在这些项目组中没有组长，每个学生在组内的权利和义务都是平等的，如果在某个方面出现问题，组内每个学生都要承担相应的责任，并共同解决问题。为了监督每个项目组的工作情况，我们从每组中选出一名成员成立了总督查组，定期对各项目组进行检查。

刚成立项目组，在学生的自主管理意识还没有形成之前，需要班主任的有效引导。例如，在第一个月，我坚持参加他们的小组会议，在会议中我鼓励每个成员积极发言，培养每个学生的主人翁意识，打破发言的总是少数同学的现象。几次小组活动后，学生便找到了自己的地位和价值，能很好地参与班级管理了。

这时，北环中学的班级文化建设已经全面开展起来，学校开展了几次有影响力的会议，使“班级文化建设”一下子成为德育的热门话题。《中国教育报》主编对我班的“项目组”很有兴趣，希望我能对这一实践做经验介绍。可是，因为只有不到一年的实践与探索，我觉得这项实践仅仅是开了个头，没有很成熟的经验值得推广，于是婉言谢绝了，但这已经引起了我的思考。

班级文化建设的影响力有多强

2008 年 6 月，已毕业的几名学生回校来看我，我也一一问起他（她）们目前的情况。其中有一个叫蕾的女生，学习一向不肯下功夫，但凭借着聪明，学习成绩还不错。初三那年，在整个班级文化建设氛围的影响下，她的学习成绩进步得非常快，最后考上了理想的高中。我对其印象深刻，于是便问起她。“吕老师，她已经不读书了。”这个回答让我很震惊：“为什么呢?”“她说高中的学习太苦，也没有什么动力。”学生的回答让我的心情变得非常糟糕，之后这些学生讲了些什么我都不记得了。

作为一个班主任，最高兴的莫过于听到自己学生的进步和成功，我本以为几年的班级文化建设创造了良好的班风，陶冶了学生的思想，可蕾同学的状况让我产生了强烈的怀疑。坚持了这么多年的班级文化建设对学生的影响力到底有多深，能影响多长时间?

我产生了从未有过的挫败感，因为就要放假了，我收起沮丧的心情，躲回家过暑假了。在假期里，我第一次鼓足勇气以身体状况为由向校长提出了下一年度不再担任班主任工作，校长答应了我的这个请求。

第二章 用文化管理班级

终于卸下了班主任的担子，本以为可以轻松地做自己想做的事了，可这一年中发生了很多事，再次勾起我的教育理想和追求。我不可思议地主动提出做班主任的申请，从此一发不可收拾。我大胆创新，将对班级文化建设的理解和思考付诸行动，努力将班级建设成为学生向往的家园；我充分发挥和调动家长的力量，让班级有了较快的发展，家长的能力也得到了提升。

2008—2009年，冬去春来，一个不同寻常的四季往复，尽管有着不做班主任的轻松，但前几年的工作经历经常悄无声息地在我的脑海里、心里反复上演。

2009年的暑期研讨会上，同事徐老师笑着说：“吕老师，你们在2004年开展的‘绿色文化’给我的印象很深刻啊！”“哦？”这一年来一直尽量躲避谈到类似话题的我神经紧张了一下。“大家还记得吗？2005年10月，学校组织学生到南京市参观南京奥林匹克体育中心，到停车场后，其他班的学生都下车等待导游购票进场，而你们班的学生下车后自觉地在停车场捡垃圾，这一举动感动了在场的所有人，至今想起来我都很感动。”

徐老师的话将我的记忆一下子拉回四年前，面对当时的场景，我也很震惊，当然更多的是自豪。当我问学生为什么会这样做时，学生简单淳朴的回答让我至今难忘：“我们建设的是绿色文化，我们的教室要保持绿色，走上社会，我们也要保持绿色啊！”

这让我想起该班考上一所技校的胡同学回校看我，当我问起他新学校的生活时，这个一向话不多的男孩说：“我们学校很大，其他方面都很好，就是学生老爱打架。”“那你可别学他们！”我赶紧提醒他。“不会的，吕老师，您忘记我们毕业时您送给我们的毕业留念啦？我们好不容易建设出来的‘绿色文化’会时时督促我的言行。”胡同学的话让我的眼睛湿润了。

2009年8月，我接到张同学的电话，他说他考上了扬州大学，请我参加他的“谢师宴”。我非常高兴，这个瘦瘦高高的男孩的样子一下子浮现在我眼前。那天在饭店，张同学一直陪在我身边，给我讲他的高中生活。酒席进行到一半时，他的父亲过来敬酒，他父亲的眼中满含泪水，激动地对我说：“吕老师，今天这杯酒我一定要敬您。我和孩子的母亲在孩子很小的时候离异了，孩子很不理解我们，我们也感到愧对他，只能用物质来弥补。但他越来越沉默、越来越孤僻，成绩也越来越差，我们根本就没有指望他能考上高中，考上大学。但就在你们班级开展了‘绿色文化’后，他越来越开朗、越来越上进了。2005年的暑假，他居然提出让我们一起来给他过生日。这样一个简单的提议，却给了我们很大的安慰，将我埋在心里多年的心结一下子解开了，也让我们感觉到了他的变化。之后的每个生日都是我们一起陪他过的。谢谢您，吕老师！”这时的我也非常激动，真没想到班级文化建设会给学生带来这么大的变化，甚至可以影响到他的一生，这可能就是班级文化建设的魅力所在吧！

这时，一直纠结在我内心深处的问题的答案似乎在一点点浮出水面，我终于有勇气面对过去那几年的实践和探索，也许这种文化还没有根植于学生的内心深处，也许我的一些大胆的创新活动还没有做到极致，也许我在今后的班级建设中还要更多地关注学生的发展，但可以肯定的是大家都在变，学生在变，我在变，班级也在变！

如果再次走上班主任这个舞台，我愿意一切重新开始，我愿意与学生一起发展，那将是怎样的明天啊？我期待着……终于，一年过后的几乎同一个日子，我再次走进校长办公室，这一次我提出了担任班主任的申请。新的一天就这样悄悄地开始了……

第一节　让文化弥漫在教室的每个角落

文化，指人类在社会历史发展过程中所创造的物质财富和精神财富的总和。让一个班级充满文化氛围，形成自己的班级文化，对学生的成长、成才起着不可估量的作用。

班级环境建设

我这次担任的是ZHEN文化班的班主任，为了尽快了解他们在七年级就形成的文化，融入他们的大集体中，我在开学前找来了班级中的一些学生开座谈会，以了解他们的“ZHEN文化”。同时，我们还一起对班训和班级精神①进行了完善。我想通过这样的一种方式让学生感受到老师与他们是朋友，是队友，从而拉近我与学生之间的距离。有了之前的经验教训，我在追求班级文化建设的实效性上主要考虑了学生能力的体现和发展。

我选择从教室的布置着手建设班级文化。我把教室布置的权力下放给学生。说到班级环境的布置对班级文化建设的影响，我认为还是挺大的。如果有人问一间教室的容量是多少，很多人想到的是这间教室能放多少张桌子和椅子，能坐多少个学生。其实一间教室的容量可以是无限的，一间教室能给学生带来什么，取决于教室桌椅之外的空

① 班训：真诚、真实、珍惜、珍爱。班级精神：待人真诚，学做真人；真才实学，勇攀高峰；珍惜时间，把握今天；珍爱生命，幸福生活。

白处流动着什么。符合班级文化建设氛围的环境布置，可以让文化弥漫在教室的每个角落。

为此，我给专门负责布置教室环境的同学提出了总体要求：一定要围绕“ZHEN文化”布置。学生开始忙活起来。他们请了班里书法最好的同学将班级精神写出来张贴在教室的墙壁上，让班级里的同学时时能为这种精神所感染。教室一进门的墙壁上有用来展示各个项目组工作的“公告栏”、体现班级共同价值取向的“班级公约”、展示班会活动的“班会掠影”，还有“家长热线”，等等。教室前面的墙壁上设有“荣誉殿堂”“星光大道”等栏目，用于展示、表扬班级的优秀学生，发挥榜样的力量。教室后面的墙壁上设有“班级社团招募令”，以吸引学生积极参加社团活动，还设有“追寻勤奋足迹”，大力推出班级中学习刻苦、勤奋上进的学生。

班级的环境建设要有主题、有内涵、有看点、有阶段性，丰富但不杂乱。学生很好地做到了，从这几面墙壁就能清晰地看出。

《ZHEN星报》凝聚家校智慧

前几年的班级文化建设，可以说是我这个班主任的独角戏，是一种毫无目的、毫无方向的尝试，丝毫没有考虑借助任课教师和家长的力量。不仅自己比较累，还因为没有充分利用多方资源，从而对学生能力的培养产生了一定的局限性。带着这样的思考，我开始借助任课教师和家长的力量来建设班级文化。

我利用家长会对“什么是班级文化建设”进行了问卷调查，结果发现很少有家长能说出班级在开展什么文化建设，更别说班训、班级精神、班歌、班徽了。这样的现状促使我有了一个大胆的想法：让所有的任课教师和学生家长都来了解班级文化，参与班级文化建设。

通过什么方式了解呢？一次，与几位好友喝茶，作为母亲的我们自然而然地就将话题转移到了孩子身上。有一位母亲说："我儿子的班主任很不错，他们班每周都有一份班级小报，用来刊登学生的优秀作文和班级的一些趣事，现在我对儿子班级的活动几乎了如指掌！"在场的所有母亲都感受到了这位母亲的满意和自豪，当然作为既是母亲又是老师的我收获就更多了，一直困扰着我的问题迎刃而解了。

于是，我带领学生创办了班级小报——《ZHEN 星报》。我希望我们创办的《ZHEN 星报》能成为展示学生丰富多彩学校生活的舞台，成为沟通学校、家长、学生的纽带和桥梁，成为学生学会交流、学会欣赏、学会感恩的平台，成为值得信赖的心灵港湾。

班级小报设有班级文化建设介绍、班队活动介绍、学生优秀作品展示、教育热线、家长热线、家委会信息和群星闪耀等特色栏目。下面为大家展示的是班级小报的第 5 期。

ZHEN 星报

常州市北环中学八年级（6）班　第 5 期

2009-9-25

感恩的心

浓浓母子情

我在家具厂缝纫沙发套，工作很忙，很辛苦。除了星期天，我和儿子沈杰难得在一起聊聊天、说说话。这天，我们在聊天，我忽然觉得头痒，就说："我去洗个头。"说完就站起来拿盆接水，准备洗头。当我将头发浸在水中时，儿子走了过来，他笑眯眯地说："今天我没事，我帮你洗吧！"我随口回了一声："拉倒

吧。”话音未落，他已将我的头发全部浸湿，然后开始抹洗发水了。我只是静静地低着头，寻思着，内心满是好奇，他为何想起给我洗头。我感觉到他正在将洗发水抹匀，然后轻轻地揉起来。我听到头发与泡沫相互挤压发出的“沙沙”声，他揉得很慢，小心翼翼的。泡沫开始多起来，空气中还有些透明的泡泡在午后的阳光下探进脑袋，俏皮地与这些泡泡游戏。阳光照在水面上，柔柔洒下一方暖色，我的心头有一股暖意流过。

他的小手依旧在小心地揉搓着，不过头发似乎不听话了，左边垂下一缕，他赶紧将左边的弄上去，右边又调皮地有一缕下来。他说：“给你洗头真不容易，洗完头可得写写感受。”噢，原来是班级里开展的周末感恩活动。

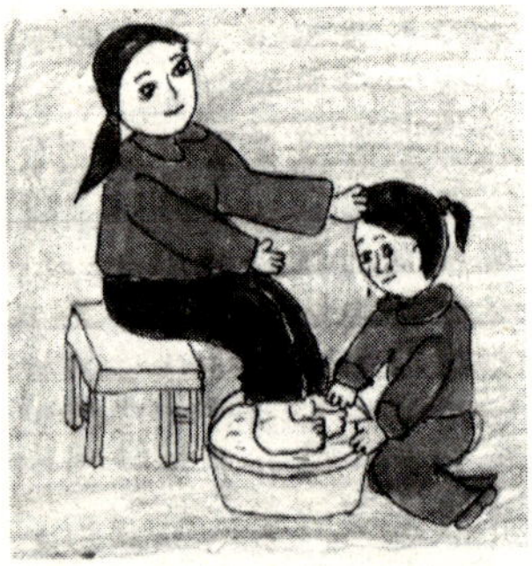

说实在的，这发际间的温柔竟是我从来未品味过的，浓浓的母子亲情拉近了我们之间的距离。在我心底，永远如秘密般保存着这样一个温暖的瞬间。

美好的感受

今天是星期天，吃了早饭，我去买菜，我的孙子张豪开始做作业。到了九点半，我买菜回来后，小孙子对我说：“奶奶，我们来打一会儿羽毛球吧！”我很乐意和他打球，但我毕竟是60多岁的人了，没打一会儿我已累得满头大汗。我说：“乖孙子，不打了，奶奶吃不消了。”小孙子说：“行啊，您累了吧！我来给您捶捶背！”捶完背，他又端来一盆热水，说给我泡泡脚，这样可以消除疲劳。我笑着对他说：“时间过得真快，一转眼，14年过去了，我的孙子都长成大小伙子了，能帮助大人干活了，也能照顾爷爷奶奶了！”看着张豪这么孝顺，我们一家人真的很高兴。

教育热线

最近有很多家长来电，说感觉自己的孩子长大了，无法了解孩子的想法，更谈不上与孩子沟通和交流，故在此提供一篇文章供各位家长参考，更欢迎各位家长就“如何与孩子交流”积极参与讨论，我们将在下一期的班级小报上选登家长的建议和想法。

美国家长如何跟孩子交流

家长和孩子间有效的沟通是建立良好亲子关系的关键。然而我们并不是天生就会很好地交流的，有时候，有效的沟通是需要学习的。看看美国家长是如何跟孩子交流的吧。

一、有效地知道孩子的想法

美国孩子在人际交往、社会活动、体育比赛及学习成就方面也有很大的压力。他们的父母，会时不时去了解一下孩子所承受的压力，以及孩子没有达到家长的期望时所受到的挫败感。当孩子比赛或考试后回家一脸疲惫时，妈妈就会迎上去，紧紧抱住孩子，说一声：“儿子（女儿），我知道你今天很辛苦。”没有过多的话语，但孩子会觉得很受用。当孩子在考试中得了低分，父母也不去批评责备他，而是说：“你这次没考好，我感到很遗憾，你心里也一定很难过，因为这次考试你准备了很多。”然后父母和孩子会一起坐下来，检查试题，看到底是哪里出了问题，是没有看清题目，还是答题不够仔细。

孩子需要老师的鼓励，但他们更需要来自家长的肯定。美国家长常常会对孩子说：“我对你有信心。我知道你做得很好。”当孩子在学校表现出色时，父母则会表扬他：“我为你感到骄傲。作为你的父亲（母亲）我感到很荣幸。”

二、尊重孩子的独立性

美国父母非常尊重孩子，并把他们看做独立的个体。作为父母，尽管在内心希望孩子继承自己的事业，或朝自己所希望的方向发展，但父母只会潜移默化地引导，最终要让孩子自己决定。

一位教授在儿子6岁生日的时候，送给儿子一个非常漂亮又美味的蛋糕，然后问儿子长大了想干什么。他的儿子想了一会儿，认真地说，想成为糕点师。他并没有取笑儿子，而是真诚地说："那么祝你成功，未来的糕点师。"从此，这位父亲会不时地给儿子买制作糕点方面的书籍。孩子的学习一直很优秀，尽管后来上了大学，没有成为糕点师，但制作糕点一直是他的爱好，也是他自信和成就感的来源。

三、和孩子"漫不经心"地交流

对于孩子来说，他们还没有耐心来听一段冗长的谈话，因此父母与他们说话要简洁，而且要用正面的指导。美国家长，特别是父亲，会和孩子做一些"漫不经心"的交流。如晚饭时间、运动时间，甚至是看电视的时候，在和他们悠闲共处时，父母会找不同的话题和孩子沟通。这种沟通交流主要是为了知道孩子的想法和他们在学校的一些情况，而不是为了教育他们。

群星闪耀

物理周末练习优胜者：韩鑫　洪明浪　沈杰　周常亮　张诚　何潇云　白国雄

数学之星：强帆　章静泊　吴美佼　陈叶　王康　沈凯　沈杰　周常亮　胡志鹏

英语高手：强帆　陆霁　章静泊

节约粮食小标兵：张豪　陈昊　陈鹏飞　章静泊

英语默写王：章静泊　周常亮　刘静　何潇云　万蒙　顾丹妮　沈杰

进步之星：过洋　孙阳

表演天才：张玥瑢　强帆　王强　梁宝儒　钱俊潮　孙泽宇

小报的所有内容都是根据学生、教师和家长的需求来选择的，有大家投稿的也有我约稿的，主编是我。这期小报上"感恩的心"版块中的两篇文章就是家长在班级开展“学会感恩”活动后写的体会和感言。考虑到家长的需求，我们尽量在每期小报上加入一些教育方面的理论知识，以提升家长的教育水平。对于学生来说，最高兴的莫过于在班级小报上看到自己的作品或是表扬名单上有自己的名字。考虑到这些，小报开辟了“群星闪耀”栏目，对表现好的同学进行表扬。为了鼓励更多的学生，我们会在每期小报上展出不同方面的表扬名单。

每周五放学前，《ZHEN 星报》必与大家见面，任课教师、学生人手一份。班级小报刚出版了几期就受到了大家的一致好评。一位家长在家校联系本上写道：“真没想到，一个班级还会有自己的报纸，而且每周都有，质量高、内容丰富，我们一家人每到周末都会一起读你们的班级小报。谢谢老师的付出！”

还有一位家长这样写道：“做吕老师的学生真幸福，能经常看到自己的文章刊登在班级小报上，这会是孩子一辈子的财富。做吕老师班级学生的家长也很幸福，是您让我们有了更多与孩子近距离接触的机会，是您让我们能经常在小报上看到自己的文章，与孩子一起成长！”

当然感触最多的还是我们班的学生：“今天真高兴，班级小报上有了我的名字，是表扬！没想到，中午吃饭的表现吕老师都看到了，同学们也都看到了，并评选我为‘节约粮食小标兵’，我会继续努力的！”我们的任课教师也主动参与到班级小报的编写中来，为我出谋划策，丰富小报内容。一学期下来，我明显感觉到自己不再是一个人，我的很多创意和设计，都与家长和任课教师的支持分不开。

小组竞争，促进学生发展

学校的一位资深班主任蒋老师在班级文化建设的过程中，深入开展“小组文化”的尝试，颇有成效，这给了我很多启发。我开始学习关于小组竞争和合作方面的理论知识。我认识到小组间的良性竞争能够促进学生的发展。学生的发展包括知识、能力的提高，以及自信心的形成。要实现这一目的，除了学生个体勤奋努力外，还应该包括团队的合作与互助。实行小组合作，就是为了淡化学生个人之间的激烈竞争，促进小组之间的合作交流，使小组间能相互学习、相互督促、相互帮助。

做了充分理论知识的准备后，我将班里的学生分成了四个学习小组。既然是“小组文化”，每个小组就应该有自己的组名、奋斗宣言和奋斗计划等，而且这些都应该和班级的 ZHEN 文化一致。以下就是班级四个小组的分组情况。

ZHEN 文化班小组建设

组名：真我

组员：陈昊　王子聪　何易芷　陆霁　孙阳　张豪　张玥瑢　章静泊　王涛　恽镇山　朱琦琦　黄佩玉

奋斗宣言：我奋斗，我自信，我胜利，我们是永远的 NO. 1！振兴环中，秀我雄风，立志图强，争当第一！放飞梦想，点燃激情，立足环中，挑战自我！

奋斗计划：虽然我们组的总体成绩不算好，但是我们会一直努力，从各方面与其他小组竞争。在学习方面，我们每天都会督促各位同学完成作业。在纪律方面，会让各位组员保持安静，上课不随意讲话。在卫生方面，我们组的每个成员都要做到座位上没有垃圾。我们还要有礼貌，不讲粗话，遇到老师要问好。

组名：Zhen 彩

组员：周常亮　沈凯　刘丽丽　徐杭莹　程耀文　盛洋洋　潘怡张娟　张诚　孙泽宇　胡志鹏　白国雄　曹姗姗　过洋

Zhen：力争上游，争做第一

彩：代表彩虹，我们组的每位组员都是一缕七彩的光，各有各的光芒。我们14位同学聚在一起，形成一道亮丽的彩虹。

奋斗宣言：手牵手一步两步三步四步望着天；看星星一颗两颗三颗四颗连成线。

奋斗计划：我们向“Super junior Z”组提出挑战，我们定会团结一致，奋勇向前！

组名：Super junior Z

组员：杨鉴斐　何潇云　万蒙　顾丹妮　韩鑫　金泽盛　顾俐芸　张蓓蓓　钱俊潮　刘倡铄　冯皓　洪民浪

意义：“Super”的中文意思是超级，这象征着我们是最强的，我们小组是“超级小组”。“Z”引用了“Zhen文化”的开头字母“Z”。

奋斗宣言：我要成功，要努力，要成为班级第一。我们知道，无论做什么绝对不能放弃，只有这样我们才能所向披靡。

奋斗计划：挑战“Final fantasy·纷争”组，虽然那一组高手众多，但我们相信挑战他们是正确的，战胜他们是可能的。

组名：Final fantasy·纷争

组员：强帆　吴美佼　沈杰　欧阳宇浩　赵颖　徐汐媛　王康　陈鹏飞　刘静　陈叶　徐康　梁宝儒　吴舒红　顾依侬

意义：“Final fantasy”是最终幻想的意思，代表着我们组每个人都有自己奋斗的理想与目标，“纷争”中的“纷”指的是我们这个团体，“争”与我们的班级文化有关，代表着每个人都要争取上进，不光是与其他组竞争，自我团体内也要竞争！

奋斗宣言：每当我的目光锁定你的目光，秀出我的花样，我有我的样，和别人不一样，实在太不像样，青春就要不一样，我有我的“young”。

奋斗计划：做好卫生工作，好的环境才能有好的学习氛围；管好本组纪律，学会自律，为班级创造良好学习氛围；帮助学习有困难的同学。挑战自我，战胜自我。

教师协调，激发学生斗志

在成立小组的时候，同学间也会发生一些矛盾和冲突，这时就需要班主任的适当调节了。例如“真我”组的王同学，是班里公认的学习差、行为习惯差的学生，当其被分到该组的时候，全组人都不答应，说如果有他，小组必定是最后一名。这可把我难住了，怎么办呢？不能把他排斥在班级之外呀。于是我说：“如果大家觉得王××会‘拖后腿’，可以尝试着将他推销给其他小组。但我提醒大家，不要伤了王××的自尊。”

“真我”小组成员先是愣了一下，之后便开始积极地进行他们的推销工作，但是，因为大家同在一个班已经有一年时间了，可以说知己知彼，当然没有小组愿意接受王同学。

看着这群失败而归的学生，我开始了我的说服方案：“其实你们担心王××‘拖后腿’是件好事，说明你们有荣誉感，但他很有可能是你们成功的关键！”

“老师，您开玩笑吧！”大家觉得不可思议。我补充道：“你们不妨换个角度想想，当你们觉得他要犯错误时，你们可以及时提醒他，减少他犯错误的机会，在提醒他的同时，你们也会减少犯错的机会。又因为他容易犯错误，你们就要有更好的表现，来为小组争取更多的荣誉以弥补他犯的错。这样一来，你们绝对不会是最差的。”

被我这样一分析，大家觉得很有道理，于是接纳了王同学。而事实证明我的分析非常正确，这个小组的同学表现真的特别好，组内的大多数同学都有了“忧患意识”，取得了显著的进步。例如，每天放学之前都会有组员督促王同学回家一定要完成作业；课堂上经常会有组员将目光投向王同学，监督他的课堂纪律；考试前会有组员主动为他补习。因此，这个小组从未在评比中落后。

每周五我班都要开展小组总结会，而王同学自然是这个小组扣分最多的成员。每次在开小组会议时就得接受大家的批评，所以他迫切希望能为小组多做贡献，从而在小组中找到自己的一席之地。当时我们班承担着打扫楼梯的任务，这个卫生区域是每个班级都不愿意分到的。因为楼梯属于公共区域，每天上上下下的人多，中午还运送午餐，一不小心这个楼梯就会上演“满汉全席”，这可忙坏了我们的值日生。可我们班打扫的这一年是全校师生认为打扫得最干净的一年，我听到如此高的评价心里也有些小得意，当然这里面还有一个小秘密。王同学也是负责楼梯打扫的一员，他每周只负责一天，但为了给小组争光，他每天都帮助其他同学一起打扫。我想给他加分，并将这一想法告诉了同学们，大家都同意给他加分。王同学也开始为小组争光了，慢慢地他得到了小组成员的一致认可。

我们的团队成员相对固定，目的是让他们意识到自己始终是这个团队的一份子。对于问题严重的组员，还是需要其他同学的帮助和提醒的，这样便促进了同学间的相互督促、相互帮助，培养了学生的合作意识。每周五的评比都是学生最激动、最渴望的时刻，他们都希望自己的小组能成为“一周之星”，而这需要他们每个人的努力！他们知道并努力践行着。

有学生写下自己的感言：“这学期我们班开展了‘小组竞争’活动，这让我们所有的同学都感到耳目一新。没想到，我们十几个同学的组合也能有自己的队名，还有誓言，这让原本散漫的我们有了斗志。我们小组要求每个组员对待任何事情，要么不做，要做就努力做到最好，要对组内的每个成员负责。我相信，我们的小组是很有实力的。”

还有学生写道：“在这一学期我们班开展了‘小组竞争’活动，以一个组为单位，进行学习、活动等各方面的合作与交流。在这个团体中，我学会了怎样与同学进行交流，也学会了如何倾听他人发言。为了我们的小组宣言，我们每个人都全力以赴；为了大局，我们不顾自己的小利。我们变压力为动力，努力前行。”

陆同学是与我同时来到这个新集体的，开学的第一个月，她的爸爸给我打了好几次电话。她爸爸认为，女儿刚转入我们学校，对学校的情况以及学习情况很不熟悉，而班级又要开展班级文化建设，会影响她的学习，能否让她先把学习搞好，再参加班级活动。作为一名家长有这样的想法是很正常的，我诚恳地对陆同学的爸爸说：“您是希望您的孩子仅仅在学习上有所发展，还是希望她在各方面都有所提高？”她爸爸说：“当然是希望她能在各方面都有所提高。”我说：“那就请您相信我，给我一个月的时间，我会让您的女儿既在学习上有所提高，又在其他方面有所提高。”她的爸爸接受了我的建议。

不久，陆同学便成为班级宣传项目组的得力干将，成绩也有了很大提高。她写道：“我是一个刚转来的新同学，开展班级文化建设对我来说是一个新事物。每天除了完成学习任务外，我还要认真地去了解我们班级的文化，因此，我每天都过得很充实。自从开展了小组竞争，小组中每个成员的积极性都被调动起来，都以小组荣誉为傲，以个人错误为耻，以‘希望其他小组好，但我们比他们更优秀’为目标进行竞争。一学期下来，我感觉小组成员的风貌都有了明显的变化，我为来到这样的一所学校而高兴。”

第二节　让学生成为班级管理的主人

还记得几年前《中国教育报》主编向我约稿的事，编辑特有的敏感让他独独对“班级事务项目组”产生了浓厚的兴趣，这件事一直记在我心上。而在合作文化班开展的班级结构改革中建立班级事务项目组，只能说是才起了个头就结束了，根本无法具体说出它的意义和带来的影响。所以，当我再次担任班主任时，理所当然地想在这个领域有所突破。

班级事务项目组的成立

项目组从开始组建到最终成立本身就是一个很重要的过程。为了体现自主性，我鼓励学生进行多个意向的选择，当第一志愿无法满足时，再选择第二、第三志愿。项目组在成立后的第一周就召开了会议，会议中集体讨论制订了“ZHEN文化班之班级事务项目组职责条例”。

ZHEN文化班之班级事务项目组职责条例

学习项目组：主动做好围绕学习开展的各项工作，带领各科课代表做好工作，创建一个有浓厚学习氛围的班级。

纪律项目组：督促、管理班级纪律，对违反纪律者要主动提醒、教育并帮助其改正，确保班规的执行。

卫生项目组：制订值日卫生和每周大扫除工作安排表，并督促学生完成。

生活项目组：关心、解决同学生活上的问题，关注班级环境布置。

体育项目组：负责“两操”“两课”组织管理工作，积极参加学校组织的各项文体活动，力争为班级争光。

宣传项目组：负责板报工作和每周班会的主题征集、设计和班会的主持与记录工作。

总督察组：宏观调控班级事务，加强教师和同学间的沟通，做好每周的总结工作，提出改进建议。

项目组的建立对班级事务起到了策划、执行、监督的作用，突出了学生群体的参与，淡化了班主任的管理职能，逐步实现了学生的自我服务、自我监督、自我管理、自我教育。

班级中的学习项目组是班级精英的组合，为了体现这个项目组的价值，他们主动提出在班级中成立“学术部落”，有数学乐翻天、玩物主义、英格兰王国、文明岁月、文学殿堂和自然世界等部落。

他们首先通过班会“部落风云”招募成员，宣布了他们的招募令。

ZHEN文化班之学习项目组招募令

“数学乐翻天”部落

这是一个高手云集的地方，必然会有一些不平常的成果……

宗旨：一视同仁，平等交流。

招募词：朋友们，想摆脱数学学习的苦恼吗？想发现数学无穷的乐趣吗？那就快来“数学乐翻天”吧！你的快乐，我的追求！

过程：招募10名同学，在以后的学习生活中，可以将遇到的一些问题，拿出来大家一起讨论，让所有成员都享受到做对题目的喜悦，培养对数学的浓厚兴趣，起到“更上一层楼”的作用。各成员之间要互相帮助，有什么好的方法大家一起交流。

每周小练制度：每周由“国王”和“宰相”出几道难题让各成员思考，到下一周讨论。各成员有义务解答其他组员的疑惑，不得推辞。

所有成员要形成一种“合作学习，共促进步”的氛围！

“玩物主义”部落

我是“玩物主义”部落的“酋长”，我没有手下，不能当“光杆司令”，所以，我现在要招募人员。我先说一下，在我的地盘，我们可以学习到许多物理知识，可以看到许多物理现象！

物理这门学科很有趣，需要同学们互帮互助，有些问题也需要同学们互相讨论、互相争论。所以，大家快点来报名吧！不分“种族”“身份”，快！快！快！

在我们这个部落中，可以使你更加快乐！在快乐中学习！俗话说得好，劳逸结合，所以在我们部落的学习中，经常会有一些“小插曲”，如一些关于物理的小游戏，可以使你对物理更加感兴趣！

快来吧！加入我们这个部落，会让你更加聪明，让你的思维更加敏捷。只有10个名额，快加入吧！

“文明岁月”部落

“文明”代表政治，“岁月”代表历史，我们会从这个部落中学会学习政治、历史的新方法，体验学习的乐趣。

我们这个部落会使大家对政治、历史产生兴趣，这样，就会越学越喜欢。对于历史，越学越深奥，同学们可能会觉得没意思；对于政治，同学们可能觉得太枯燥。所以学习的兴趣是十分重要的。加入我们的部落，你们将学会如何掌握知识，学会学习历史、政治的方法和技巧！

我们相信，加入我们部落后，你的政史成绩一定会提高。还在等什么，赶快报名参加吧！

这些学术部落就是班级的一个个学术社团，学生可以根据自己的兴趣、爱好选择某一部落，发挥自己的特长，这能使学生将更多的精力放到学习上，有利于班级学风的建设。学生在这些部落中能实现自身价值，也能体验到成功的喜悦。虽然只是班级自主成立的社团，学生却很在乎自己在社团中的地位。这里面还真有一些有趣又感人的故事呢！

学术社团小故事

"不要淘汰我"

"数学乐翻天"部落是由爱好数学的同学组成的，每周末他们都会自己找一些难题进行研究。一天早晨我接到班中章同学妈妈的电话："吕老师，我有件事想麻烦您。"

章同学妈妈迟疑的语气让我有些紧张："您说吧，我一定帮忙！"

"我们家小静昨天回来心情很不好，我问了很长时间总算问出了原因，她说因为没有完成这一周的练习，被你们班的什么部落给开除了。吕老师，拜托您跟部落的负责人解释一下，因为我们这礼拜赶到乡下去办点急事，所以她才没能按时完成练习。"

原来如此。我找到"数学乐翻天"部落的"国王"沈同学了解情况，他说班中有很多同学想参加他们的社团，但名额有限，所以对于不能完成练习的同学只能开除，一来可以督促其他的部落成员，二来可以吸纳其他同学。我首先肯定了他们严格的部落制度，接着我问沈同学："你了解她没有完成练习的原因了吗？"

"没有！有同学都跟我提了好多次要来我们部落了，一直没机会，这次正好有机会淘汰一位。"于是我解释了章同学为什么没完成练习，沈同学听了我的解释后，才发现自己做事太草率了，答应再给章同学一次机会。

让我感动的小老师

"自然世界"部落是由班中喜欢生物、地理的同学组成的。就在八年级期末时，我们迎来了生物、地理的结业考试。考前一个月，该部落的学生向我请示，每天放学前的二十分钟时间能否交给他们部落安排，目的是让部落成员帮助班中生物、地理学得较差的同学补习。我听了非常高兴。要知道，学校的生物、地理老师都是每人教一个年级，几百个学生，哪顾得上辅导每个学生呢？面对班中一些学困生老师也无可奈何。现在好了，这些学生真是帮了一个大忙。每天看到这些学生耐心地一遍遍地给其他同学讲解，我非常感动。

学生认真负责的劲头并不亚于我们做老师的，什么问题直到弄懂为止。一下子，班级中形成了互助学习的氛围。在这次考试中，我们班的生物、地理获得了大丰收，这让任课教师都有点摸不着头脑，可我明白这其中的“奥妙”，我非常感谢这些学生的付出。

班级事务项目组建设的成果

我有很长一段时间怕做班主任，就是害怕处理一些琐碎的小事，因为这对大大咧咧、性子较急的我是个考验。早晨一进教室，我就发现教室内一片狼藉，黑板没人擦、垃圾没人倒、地没人扫。于是，我张牙舞爪地问：“谁？谁？谁？”可半天没人回答，我只能忍住心中的怒火查找值日表，“抓出”那些“当事人”，而他们呢，却装着若无其事的样子慢吞吞地走上他们的岗位。这是多年来经常上演的场景，也是让我从早晨起就有了一个坏心情的根源。

但自从我们班有了卫生项目组，这些烦心的事就被我抛到了脑后。卫生项目组专门负责班级卫生的检查和监督工作，每天早晨，该组成员都会定点定位检查班级卫生。这些本来是由班主任管理的琐碎小事如今全部由学生来做，大大减轻了班主任的工作负担。而且面对值日工作不到位的学生，他们采取的则是“人盯人”战术。因此这两年来班级的卫生工作我从未操过心。

三月的一天，我生病住院了。校长给我打来电话，问我需要安排哪位老师担任临时班主任，我犹豫了，想想这一年多的时间里，我已经将班级大大小小的事务都“承包”给了学生，这个临时班主任，似乎不需要吧！于是我提出了一个大胆的想法：不安排临时班主任，让这些学生进行一次真正的自主管理，这也正好是检测班级事务项目组成立的意义和效果的好机会。校长同意了我的想法，于是，我不在的这七天，班级的所有事务都由学生来处理。出院后，我迫不及待地赶回学校，急于看看学生将班级管理得如何。我们的校医跟我说：“你们班级的卫生是真正的免检产品，你不在学校期间也是一样的优秀！”任课教师对我说：“你不在的这几天，学生把班级事务处理得井井有条，跟你在校时一样。”我心里真是说不出来的高兴，这就是我在无数个梦里的期待！

运动会的遗憾

做班主任已近十年，但我一直有一个小小的遗憾——所带的班级从未在校体育运动会中获得过前三名的好成绩。接手 ZHEN 文化班后，不到一个月的时间就迎来了一年一度的体育运动会。我早早开始了摸底工作，同学们也不谦虚：“吕老师，您放心，我们班体育好着呢，篮球、足球样样精通！”“那你们去年拿了第几？”“第四，不对，好像是第五。”听着他们这吞吞吐吐的话，我像一个泄了气的皮球，心情跌到了谷底。肯定不是前三名！这是我的第一反应，如果是前三名，需要上台领锦旗，他们肯定不会忘记。但是，在学生面前，我还是表现出一如既往的热情和信心，希望他们认真做好报名工作，争取前三名！

令人期待的运动会终于开始了，可第一个比赛日我们班的得分就少得可怜，我再也按捺不住内心的焦急，召集学生开会。“张××参加两百米是稳拿第一的，可他这次参加了篮球运球，围观的同学老是逗他笑，两次失误未得分。”“白××是学校的长跑王，可他参加了足球绕竿，又是两次失误。”听着他们的分析我感到既好气又好笑，但更多的是无奈。尽管在第二个比赛日大家拼尽全力，还是遗憾地获得了学校体育运动会的第四名！

转眼一年过去了，面临着对于他们来说在北环中学的最后一次运动会，我还是寄予了很大的希望。我将任务交给了日渐成熟的体育项目组。我给他们定了一个明确的目标：在北环中学的最后一次运动会上一定要拿前三名！体育项目组的同学接到这个任务后，向体育老师要了份模拟报名表，安排好各个项目的训练人员，并及时督促，定人检查，还利用体育课、课外活动时间进行摸底调查，检查训练效果。终于，在 2010 年 9 月的校运动会上我班以优异的表现，夺得了全校第一名的好成绩！

男子“开火车”第一名

男子 4×100m 接力第一名

女子 4×100m 接力第一名

男子 1000m、100m 第一名

女子 200m、100m 第一名

……

体育运动会团体总分第一名

听到这个消息时，我由衷地感受到学生自主的力量！我想，如果单凭我个人的力量，根本无法带领他们取得如此优异的成绩，因为学生才最了解学生，而且学生之间的相互督促更实在、更有效。

第三节　让“三高”班会助学生成长

生命在于运动，教育在于活动。活动是实现教育目标的最佳手段，精彩、经典的活动让学生的成长值得回味。北环中学的特色是一周两会：常规班会——把活动与常规工作有机结合，及时解决班级问题，确立一周奋斗目标；主题班会——积极围绕班级文化组建特色活动，凸显班级风采。在我班，从班会主题的选择到内容、形式的确定，以及黑板的布置等都由学生自己负责，这使他们收获颇多。同学们都称我们的班会为“三高”班会：一是质量高，二是感人度高，三是合作度高。

ZHEN 文化班班会一览表

日期	常规班会	日期	主题班会
9.2	从“0”开始，秀出真我	9.7	你准备好了吗
9.9	老师，您辛苦了	9.14	竞争与合作（成功俱乐部）
9.16	学会感恩	9.21	找准自己的坐标
9.23	学会赞美	9.28	体育节动员
10.14	Zhen 情公约	10.12	一日之计在于晨
10.21	家长手牵手，孩子心连心	10.19	阳光俱乐部
10.28	传递阳光心情	10.26	阳光加油站——面对面
11.6	成功＝方法＋努力	11.4	学习型家庭
11.18	学海无涯，何以言满	11.9	期中动员
11.25	Show 出真我——捐款义卖	11.23	Show 出真我——捐款义卖

（续表）

日期	常规班会	日期	主题班会
12.2	快乐伴我成长	11.30	健康成长
12.9	我与阳光体育	12.7	说说咱班
12.16	走进“不抱怨的世界”	12.14	部落风云
12.23	回眸 2009	12.21	行为与后果
12.30	展望 2010	12.28	相处关系式
1.6	阳光自助餐	1.4	英雄教室的奇迹

只要没有特殊情况，班会都会正常进行。

“让我看，我记不住；让我听，我会忘记；让我参与，我会明白。”我坚持将每周的班会交由学生负责，从主题的策划到班会的主持、表演、反思等全部由学生负责，旨在让学生通过参与班会的全过程来体会班会的实际意义，同时挖掘出学生的潜在能力，培养学生各方面的能力。

我还让学生在每次班会结束后写班会随笔，这是一种“后班会行为”。这样的反思能使班会具有持久的德育效果，同时实现学生的自我教育。

ZHEN 文化班学生随笔

陆　霁

昨天下午的班会，我非常开心！看到同学们的才艺表演，好激动啊！尤其是三位同学表演的街舞，非常好看，连我自己都想秀一把了。可惜我不会跳舞。张诚表演的魔术，让我百思不得其解，不知道这牌怎么就能够变得没有痕迹呢？章静泊吹奏的竹笛真是悦耳动听。我超级佩服顾依依的妈妈——刘阿姨，她的口才真好，我还有幸分到了她的团队。刘阿姨很和蔼，她计划周末带我们去看电影、参加义工活动等，我们团队的成员都很期盼。希望下一次的班会活动更精彩！

每次班会都会由一到两位学生负责设计，在每周五宣布下周的两个班会主题。周一的常规班会更多倾向于学生找问题、谈做法，主持人会提出要求请大家回去利用双休日认真准备。周三的主题班会更注重形式与内容的结合，增加了一些娱乐性和趣味性的内容。

班级德育微型课程

第一次听到“班级德育微型课程”是在一次班主任会议上，蔡军校长提出了这个新名词，并要求每个班级每学期设计一个班级建设优秀项目，然后围绕这个优秀项目开展一系列的课程活动。抱着试试看的态度，我开始酝酿项目主题。结合初中生的生理、心理特点和发展方向，我将八年级两个学期的主题分别拟定为“阳光俱乐部”和“感恩之旅”。具体方案设计如下。

ZHEN 文化班班级建设优秀项目“阳光俱乐部”

一、设计依据

任何一个孩子都有其天赋和潜能，都充满自信与好奇，但在孩子成长过程中，不同思维观念的父母、不同的家庭环境，将养育出不同性格特征的孩子。无论什么性格的孩子，作为父母、作为教师，都希望他们拥有自信。自信是一个人健康成长、学习进步、生活幸福、事业成功的源泉。美国著名作家爱默生也曾说过：“自信是成功的第一秘诀。”所以，在孩子成长的道路上，我们要引导他们积极乐观地对待生活，塑造其阳光心态；为他们提供多样的成长环境，引导他们参加一些有意义的社会活动，使他们学会制订合理的目标，每一个小小目标的达成都会带给孩子偌大的成就感与自信心；让他们在成长的路上端正心态，在被肯定中学会自我肯定，让每个孩子带着阳光心态，缔造阳光生活，走向阳光未来。

二、实施过程

（一）改变态度

1.“阳光俱乐部”成立啦！

2. 学唱《小小少年》。

3. 每周二、周四中午为美文欣赏时间，让学生感悟人生的美好。

4. 收集“阳光笑脸”，鼓励学生在早晨走进教室时就给大家一个最真挚、最温馨的笑容，并评选出“阳光使者”。

5. 收集阳光心态名言，利用班级小报刊登学生的优秀作品，树立榜样。

（二）享受过程

1. 开展“学会感恩”“学会赞美”等主题班会，引导学生发现生活中的美，学会欣赏每个瞬间，懂得热爱生命，相信未来一定会更美好。

2. 设立爱心捐助箱，奉献爱心，给他人以关怀和温暖；进行捐款义卖活动。

3. 同学之间真诚互助，团结合作，成立“阳光加油站——互助小组”，营造团结和谐的班级氛围，定期评选出“优秀师徒”。

4. 开展“阳光自助餐”活动，让每个学生选择一种生活的态度，并规划自己的未来。

5. 向他人宣传阳光心态，向周围的同学、朋友传递阳光笑脸，编写宣传小报；制作阳光贺卡，送给九年级的学长、学姐，给他们减压，为他们加油。

ZHEN 文化班的阳光名言

这一秒不失望，下一秒就有希望。——徐杭莹

用我们的微笑照亮黑暗吧！——洪民浪

一个温暖的微笑，给人莫大的力量。——白国雄

想要成功，心灵就要有光明。只要心灵充满阳光，就一定会发现

机遇。——王子聪

阳光的笑容+乐观的心态=永不磨灭的信念。——刘静

生活中我们应该坚定不移地向前走，向前走是阳光，身后看是阴影。只有不断前行，才能收获更多的阳光。——何易芷

当阳光放弃你的时候，你将会变得毫无意义，拥抱阳光吧！——梁宝儒

当生活中有阴影时，面向阳光，嘴角上扬，阴影就没有了。——吴美佼

用你的好心情去做好每一件事，生活会更美好。——张玥瑢

阳光的笑容鼓励你自信，阳光的行动激励你上进。——张豪

快乐每天，积极之心永不丢弃；乐观向上，希望之光围绕身旁；努力坚强，成功之岸就在眼前。——王康

早晨，来自东方的光，让人温暖；中午，北上的阳，让人感到庄严。阳光就是一盏明灯，留在人们心中的是不灭的希望。——欧阳宇浩

阳光的心态决定阳光的人生。——周常亮

阳光的心态是挫折和失败最强大的敌人。——万蒙

阳光的笑脸比语言更富有感染力。——万蒙

……

ZHEN文化班班级建设优秀项目“感恩之旅”

一、设计依据

“谁言寸草心，报得三春晖”的动人诗句，“滴水之恩，当涌泉相报”的胸怀，反映了古人对“感恩”的认同。感恩，是我们民族的优良传统，也是一个正直的人的起码品德。知道感恩的人，才能收获更多的幸福。一个经常怀着感恩之心的人，心地坦荡，胸怀宽阔，会自觉自愿地给人以帮助。

孩子的心灵是一块奇异的土地，播上思想的种子，就会获得行为

的收获；播上行为的种子，就会获得习惯的收获；播上习惯的种子，就会获得品德的收获；播上品德的种子，就会获得命运的收获。因此，我们将通过感恩活动为孩子的心灵播上感恩的种子！

二、实施步骤

主题曲为《感恩的心》。

1. 确立优秀项目“感恩之旅”。

2. 动员大会——感恩之旅从这里开始。

3. 开展“讲述妈妈的故事”主题班会。

4. 开展“最佳妈妈”颁奖活动。

5. 开展主题班会“欣赏生命”。

6. 写倡议书“让每个人拥有一颗感恩的心”。

7. 开展“我想对你说声‘谢谢’”主题班会，让学生学会表达感恩之心。

8. “感恩的心”诗歌创作比赛。

9. 开展“老师的一天”主题班会，让学生更多地了解老师，学会感恩。

10. 开展“我的幸福一家”主题班会，让学生在欢乐、温馨的家庭氛围中感受幸福，学会感恩。

11. 开展公益活动“把爱传得更远”。

“学会赞美”也是一门课程

现在的学生大多为独生子女，在家中，父母的百依百顺使他们常常以自我为中心，往往只看到别人的缺点，而很难发现别人身上的优点。在家校联系本上，我总会看到学生写的某某同学今天犯了什么错误，哪些地方做得不好等内容。当然，这也是反映客观事实，只是我很难在他们的留言中看到“赞美”和“欣赏”的痕迹。这让我不止一次地思考：是不是应该给学生补上这一课？于是“学会赞美”这个活动诞生了。我让学生用发现的眼光去观察、品味身边的人或事，用最真挚、最打动人的语言衷心赞美身边的亲人或朋友，旨在通过这样的方式增进他们与同学、教师、父母之间的感情。在“学生赞美”主题班会上，我们听到了一篇篇幽默又真诚的文章、一首首感人又热情的赞美诗，它们就像跳动的音符温暖着每个人。

ZHEN 文化班主题班会“学会赞美”文稿

我的同桌长着弯弯的眉毛、黑黑的眼睛，可惜这双眼睛的可爱没有凸显出来，因为他戴了一副眼镜。他的名字叫欧阳宇浩，不过各科老师都亲切地叫他欧阳。

欧阳宇浩的各科成绩都不错，而且乐于助人。谁若是有了困难，他一定会来帮忙，颇有一点“该出手时就出手”的味道。这不，赵颖有题目不会了，便立马向欧阳宇浩求助。欧阳宇浩很认真地为赵颖讲解，直到赵颖弄懂为止。

欧阳宇浩的歌、画也是一绝。在音乐课上总是他唱得最多，他的歌声优美，有如流淌的小溪，给人以淡泊宁静之感。他的画也很好，特别是漫画，好看得不得了，美术老师对他的画赞不绝口。

欧阳宇浩还是一个颇有思想的人。他认为对的事情就会据理力争，这一点在数学方面表现得最为突出，我们常常会为了某个数学问题而争辩。

就这样，欧阳宇浩以可爱的长相和独特的人格魅力博得了全班同学的喜爱。

——沈杰

我想赞美一下我的朋友陆霁。

陆霁很爱帮助别人，成绩也非常好。我们每次开班会都离不开她。她很勇敢，虽然跳绳跳得并不好，但她坚持练习，还报名参加了跳绳比赛。我想送她一首诗：《我和你》。

我和你

也许你是薄雾，弥散在黎明的河边；
我只是一片草叶，
承载着你凝结的露珠几点。
也许你是鞑子花，山坡上开成灿烂一片；
我只是一抹白云，
远远衬托你早春的笑脸。
也许你是满载的归舟，幸福憩息在平静港湾；
我只是一缕月光，
默默流泻着最温柔的祝福。
我悄悄收起你，
灌满希望的果实，
酿成春天醉人的诗篇，
我只想对你说一句：朋友，谢谢你！

——章静泊

阳光加油站

“阳光加油站”是每学期在期中、期末检测前后开展的师徒结对活动。活动前先请班级中在某一学科学习有困难的学生提出申请和意向，聘请他们信任的同学担任自己的师傅。之后通过班会或晨会，徒弟向师傅呈上自己精心设计和制作的“聘书”。师徒同心，其利断金，这种互利互惠的活动非常受欢迎，大大增进了同学之间的友谊。许多同学写下了感言。

ZHEN 文化班“阳光加油站”班会活动感言

通过这次“阳光加油站”师徒结对活动，我找到了一位好师傅——沈杰。师傅的指导使我受益匪浅，我不仅在他的帮助下解决了很多难题，成绩突飞猛进，更重要的是从他的身上我学到了一种刻苦、坚定、乐观的精神，这将让我受益终身。他的这些精神鼓舞着我勇敢战胜困难。我们因此获得了“优秀师徒”的称号。感谢你，师傅！感谢阳光加油站！

——周常亮

“阳光加油站”活动，培养了我对生活的乐观态度，它如暖流般传遍我们班每个学生的心中。其中的师徒结对活动更是大大提高了同学之间互帮互助的团结精神。

“阳光加油站”活动使我们在学习上有了一种坚持不懈、笑迎困难的精神。选出的五位“阳光使者”带给了大家许多的信心与力量。总之，“阳光加油站”活动就是一缕金色的阳光，使我们更加团结、更加乐观。

——顾丹妮

我的幸福一家

因为家长经常参加班级活动，通过多次参与，他们感到孩子渴望表现但又缺乏自信，于是决定身先士卒，在自己的孩子面前展现最自信的自我，以使孩子增强自信。于是就有了“我的幸福一家”主题班会。

主持人何同学的家长说：“这次班会由我们一家来主持，我觉得家长应该在孩子面前认真地做事情，从而使孩子也认真对待每件事情。孩子的爸爸工作很忙，但还是请假来参加了……”

在班会上，章同学的妈妈唱了《大海啊，故乡》，女儿吹长笛为她伴奏。章同学的妈妈在活动后说道：“是孩子带领我们来表演的，他们

“我的幸福一家”主题班会

才是这个舞台的主角……”

欧阳宇浩栩栩如生的水墨画和爸爸刚劲有力的书法作品，顾同学和妈妈幽默风趣的双簧表演等赢来现场一阵又一阵的掌声。

活动最后评选出了“最温馨家庭”“最默契奖”“才华横溢奖”“最佳表演奖”等。活动后我们还将活动的视频刻录成光盘，发给每个参与表演的家庭。家长们都很高兴，说从来没有在电视上欣赏过自己的表演，第一次上台真过瘾！通过这次主题班会，学生在家长的带领下增强了信心，锻炼了能力。

《感恩的心》以情动人

和往常一样，在确定了本学期的班级建设优秀项目后，就要选一首歌作为本项目的主题曲。回顾了很多表达感恩之情的歌曲后，我将目光锁定在《感恩的心》这首歌上。我认为这首歌再合适不过了。可我将这一想法与办公室的其他教师分享后，他们却泼了我“一盆冷水”，认为学生肯定不会喜欢这首歌。理由是现在的学生都喜欢边唱边说的歌曲。但我就是不相信。

一天下午，我给学生播放了一遍《感恩的心》，虽然只是短短的几分钟，但我从他们脸上看到的是麻木和僵硬的表情，没有找到任何感恩的情绪。看样子真被那些教师说中了！可我还是不甘心，既然这学期我们班级建设的重点和主线就是“感恩”，那这首歌就是最合适的。

作为一名音乐爱好者，我一直觉得一首歌要想打动人，一方面是它的曲子要能抓住听者的心，另一方面当然就是歌词了。歌词有耐人寻味、打动人心的故事背景就一定能打动听者的心。想到这里，我缓缓地给学生讲述起这首歌的创作背景。听着听着，学生眼睛红了，有的女生趴在桌上小声抽泣起来，而坚强的男生也掩饰不了内心的感动，都沉默了。真实的故事让学生真实地感受到这首歌所表达出的爱，大家都说这首歌越听越好听。

妈妈，我爱您

学会感恩，就应该从感恩身边的人做起。而在孩子的成长过程中，母亲起到了不可替代的作用，三月份将迎来妇女节，这应该是“感恩之旅”的起点。

为了让活动更有实效，我与部分学生商议，该用什么样的形式来感谢妈妈。有的学生说，给妈妈写一首赞美诗，但大家觉得这与我们之前开展的“学会赞美”有些雷同。有的学生说，给妈妈送一份礼物，但大家又觉得送礼物可以回家自己送，作为班会课，这样的形式不够丰富……经过一番激烈的讨论，我们有了初步的想法：在妇女节前夕，开展一次“讲述妈妈的故事”的主题活动，再通过评比选出八位“最佳妈妈”在 3 月 8 日那天进行表彰。

活动方案得到了大家的一致认可后，第一阶段的活动如期开始了。想要展示自己妈妈风采的学生还真不少，一节课的时间只有十几名学生有机会上台讲述，所以大家一致要求再延长一节课。最后全班有 29 名学生上台讲述了有关妈妈的感人故事，我们从中选出了八位“最佳妈妈”。

妇女节那天，我们开展了“妈妈，我爱您”的晨会，并邀请了被评选出的八位“最佳妈妈”，即最可爱的妈妈、最和蔼的妈妈、最细心的妈妈、最知心的妈妈、最负责的妈妈、最勤恳的妈妈、最无私的妈妈、最体贴的妈妈，孩子们给每位获奖妈妈写了颁奖词，并送上了鲜花和拥抱。

ZHEN 文化班“最佳妈妈”颁奖词

最可爱的妈妈

吴爱娣女士：

您的开朗、乐观深深影响着您的女儿，您的身体力行改变着您的女儿、感动着您的女儿。

您勤恳、认真地工作，乐观、向上地生活，和蔼、亲切对地对待身边的人，细心、耐心地教育孩子。您将一切乌云用微笑化成彩虹，将一切困难用行动换为机遇，您用您那阳光般的笑脸温暖了每个人的心。祝您永远开心，最可爱的妈妈！

最和蔼的妈妈

白惠芳女士：

您是一位和蔼、慈祥的母亲，您用汗水与行动诠释着不平凡的母爱。您用自己的爱谱出了一首“爱的主题曲”。您的付出不求回报！从您身上我们看到了一位母亲的和蔼：在孩子生病时，您的关怀是您对孩子爱的最好证明！相信您的付出一定会得到丰厚的回报！我们爱您，最和蔼的妈妈！

最细心的妈妈

魏萍萍女士：

您的行为让我们看见了您对儿子无微不至的关爱，让我们感动。当儿子做完作业，上床睡觉后您总是静悄悄地帮他盖好被子，这样一个微小的举动却充满了一个母亲对子女无限的关心和怜爱。对于儿子的教育，您从不抱怨苦和累，不管他是成功还是失败，您都在他身边指引他正确地走下去。诸如此类，不胜枚举，在您细心的背后，我们看见了伟大的影子。谢谢您，最细心的妈妈！

最知心的妈妈

张京激女士：

您的知心让您的儿子感动；您的自信心让您的儿子敬佩；您的乐观无时无刻不感染着您的儿子。

您做事认真，无论是对生活还是对孩子，您都抱有一颗负责的心。

您积极向上，对生活充满信心与希望。您的爱如一股暖暖的春风扑面而来，让您的儿子沐浴着一片爱的阳光。您虽平凡却伟大，虽普通却坚强。您永远是最知心的妈妈！

最负责的妈妈

季忆飞女士：

母爱是世界上最伟大的爱。您不会因为自己的工作劳累而对孩子的学习监督有一丝松懈，您不会因为自己的心情好坏而对孩子有一丝情绪。您对孩子有的只是鼓励和激励，墙壁上那些您亲笔书写的话语流露出一位母亲对孩子的真心期待。在孩子成长的道路上，您付出了太多的爱；衣、食、住、行、教，您操碎了心。对待自己的工作，您认真负责，严于律己，给孩子做榜样；对孩子的教育，您更是谆谆教导，循循善诱。您真是一位负责任的好妈妈！

最勤恳的妈妈

温桂香女士：

您的爱似桂花的芬芳沁人心脾，您勤恳、坚强、朴素、正直。您一丝不苟地工作着，您为了一家人的幸福生活无私奉献着，您用勤劳与踏实书写了美好的明天。您是我们心目中最勤恳的妈妈！

最无私的妈妈

丁爱琴女士：

您关爱他人，毫无保留地将爱奉献给了自己的家人，同时将关怀毫不吝啬地赠送给了他人。您踏踏实实地工作，勤勤恳恳地照顾家人，您对他人的爱体现在生活中的点点滴滴。您是一位给予家人无微不至关怀的母亲，您就是无私奉献的好妈妈！

最体贴的妈妈

孔亚青女士：

您用自己的爱轻抚着每一位家人，对待长辈您任劳任怨、尊重孝敬；对待丈夫您细心、体贴；对待儿女您公平、温柔。您对每一位家人都付出了爱，但从不求回报。从您的身上我们看到了平凡母亲的美好特质——体贴。您的体贴很特别，不是三言两语能说得清，但是长篇大论又说不明，您的爱、您的体贴都融化在平时的生活中。听着您儿子沈凯的述说，我们看到了一张慈祥动人的脸。即使您已青春不在，但因为您的爱，我们相信您将永远美丽！在我们心中您永远是最体贴的妈妈！

沈同学的妈妈是一位缝纫工，每到冬天手上都会生冻疮，但在家人面前她从没有说过一句怨言，带给家人的永远是快乐。沈同学给妈妈献花时深情地说道："亲爱的妈妈，儿子已经很长时间没有抱过您了，今天能不能让儿子抱您一下？"真诚感人的话一下子打动了在场的所有人。活动虽结束了，但短短的二十分钟带给了孩子们永远的感动。

梁同学的妈妈也是八位"最佳妈妈"之一，可到了中午她才出现。

原来她记错时间了，以为是在下午开展活动。当儿子打电话给她时，她才知道自己记错了，于是急急忙忙赶到了学校：“吕老师，我今天实在是太不应该了，怎么就把时间记错了呢。”“没关系。”我安慰她说。“吕老师，中午能不能给我一点时间，我想把晨会中属于我的那一段补上。”她充满期待地看着我说。我欣然答应了。于是我把梁同学的妈妈带进了教室，同学们把属于梁同学妈妈的颁奖词、鲜花和拥抱都送给了她。她热泪盈眶：“同学们，谢谢你们，让我有了一个最幸福、最难忘的节日！”

欣赏生命，学会感恩

母亲十月怀胎的艰辛是众所周知的，但有几个母亲会将这段经历告诉自己的儿女呢?“欣赏生命”是专门给家长布置的作业，让母亲讲述小生命的孕育与降临。母亲们面对这一命题作文都非常用心，她们用心描述的每一个故事都是那么真实、那么感人。

ZHEN 文化班“欣赏生命”班会活动之生命故事

随着一声清脆的哭声，我们迎来了女儿的降临。孩子的牙牙学语、走路、认字，孩子的一言一行都给我们带来了欢乐。孩子是我们的宝贝，是我们夫妻爱情的结晶。我们和千万个普通家庭一样过着幸福美满的生活。孩子渐渐长大、懂事了，能帮我们做些力所能及的事情了。我们真的很开心，她使我们这个家充满了欢乐。

——陆霁的妈妈

在一个家庭中，孩子的出生是最令人高兴的事。每一个生命的诞生都是一个新的希望。女儿出生时我觉得自己真正是一位母亲了。抱着这个小生命我觉得十分幸福。女儿一天天长大，让我体会到了当母亲的辛苦，但也让我体会到了幸福。女儿十分乖巧、听话，学习上也不用我操心，每次我有烦心的事还会和她说说，她都会安慰我。她长大了、懂事了，我再次感到生命的美好。

——万蒙的妈妈

当听医生说我要当妈妈了，我很惊喜，盼望着小生命早一天降临。但怀孕后的每天都很辛苦，每天出门都很小心，直到临产前住进医院才安下心来。产期一天天临近，我反而紧张了，希望孩子能健康顺利地生下来。到了预产期，小家伙还没出来的意向，医生们也很焦急。我终于进了手术室，经过近 3 个小时的“漫长战斗”，伴随着啼哭声，小家伙终于来到了人间。看到孩子稚嫩的小脸，以前所有的辛苦、疼痛都忘记了，有的只是开心。

——徐汐媛的妈妈

女儿诞生时，真的很开心、很幸福。孕育一个小生命很辛苦，当看到小生命在我面前时，我觉得自己很伟大，一切辛苦都是值得的，希望孩子能够快乐健康地成长！

——刘静的妈妈

1995 年的夏天，我怀孕了，心里别提多开心了。

可怀孕两个多月的时候，我的胃口一落千丈，吃啥吐啥，我就对着肚子说：“乖孩子，你就让妈妈吃点饭吧，不然，你也会缺少营养哦！”宝宝好像听懂了我的话一样，过了大概半个多月，我的胃口恢复了。在怀孕期间我一直拼命地吃，就怕饿着宝宝，到生产时，我和宝宝的共同体重飙升到了一百六十多斤。预产期过了两天后，我终于生下了一个健康而又可爱的宝宝——张蓓蓓。

——张蓓蓓的妈妈

八年级是学生生理、心理变化最大的一年，这个时期的学生容易产生强烈的逆反心理，他们希望得到父母的关爱又怕父母唠叨。很多家长会向我诉苦：“孩子不知道怎么了，动不动就对我们发火。”“我儿子回家后都不跟我们说话，也不允许我们进他的房间。”……所以，这个阶段引导学生懂得感恩、懂得回报是很有必要的。2010 年 11 月我们学校组织学生去果园采摘橘子，学生都很高兴，可我们去时果园中的橘子已经不多了，大家都很失望、很沮丧。四点多钟准备回去时，果园门口出现了很多卖橘子的。我们班的学生蜂拥而上，每人买了一小筐橘子，紧紧地抱在怀里，脸上露出了满意的笑容。我忍不住走上去问他们：“你们买这么多橘子干吗?”有学生回答：“买回去送给爸爸妈妈吃!”其他学生也都认可地点点头。看着这些可爱的孩子，我的心里充满了幸福。

第二天一大早，我们班的英语老师就在办公室喊了起来：“这是谁送给我的橘子啊?”我下意识地加快脚步，走到办公桌前，两个黄灿灿的橘子映入眼帘，我笑了：“一定是我们班学生送的!”我看了一下其他老师办公桌上的橘子，心里充满了幸福，也为学生的这一举动感到一点得意。

第四节　让家长委员会名副其实

听一位优秀班主任说过：“一名班主任应该学会处理好与三方的关系，即与学生、与任课教师、与家长的关系。其中，与家长的关系最难处理。”确实如此，有些家长很配合教师的工作，但有些家长却正好相反，甚至误认为老师找家长商议有关孩子的问题是故意针对他们的孩子，就会出言不逊甚至做出过激行为。班主任为学生付出了很多，却得不到家长的认可和支持，有时遇到一些“难缠”的家长，还会把自己的心情搞得一团糟。

一次家长会前，一个陌生的电话打来："你是吕老师吗？""是的，您是哪位？"听着对方不太友善的声音，我很纳闷。"你们今天开家长会吧？我有事不能来了！""那您是哪一位同学的家长呢？"我急忙问，当时有三位家长还没到校。"我不会告诉你的，我不会让你有机会批评我的孩子！"显然是一位难说话的家长。我耐心地解释："不会的，您不是请过假了吗？但您要告诉我您是哪一位同学的家长。"这位家长似乎没有听我在说什么，情绪愈发激动："你要是敢为难我的孩子，我要你好看！"此后很长一段时间我都不愿与家长接触。

2009年暑假，小侄女来我家做客。在一次交谈中，小侄女非常自豪地说自己的爸爸是学校家长委员会的委员，我赶紧对她表示祝贺。小侄女又说："我爸爸当选这个委员很不容易，他花了三个晚上写了一封竞聘书，而且参加了演讲才被选上的。我们班长的爸爸都没被选上哦！"看着小侄女那骄傲的神情，我意识到，现在的孩子对家长的要求已经不仅仅是"家庭保姆"了，他们可能更多地希望自己的父母能走进他们的学校生活，关注他们的成长。一个想法涌上心头：不如变被动为主动，让家长参与到班级建设中来——成立家长委员会。

在班级中成立家长委员会，让家长配合班级开展各种活动，将教育的触角伸展到家庭，为孩子们的成长开拓更广阔的空间，让有热情、有能力、有时间的家长为班级建设出谋划策，这不仅可以提升家长自身的素质，还可以为家长提供交流"怎样教育孩子"的平台，促进家校联系。

宣传工作很重要

新学期开学的第一周，我就在班级小报中发布了选聘家长委员会委员的信息。

为了更好地做好班级建设工作，为了每个孩子的健康成长，真正地做到家校合一，特在此诚心地邀请各位家长加入我们八年级（6）班的家长委员会。我们可以通过这个平台，相互沟通，更加全面地了解孩子的学习、生活情况。我们将尊重各位家长的意见、建议，共同构建我们快乐、健康、温馨的精神家园！

□ 愿意　　　　　　　□ 不愿意

学生姓名________　　　家长姓名________

可消息一发布，我就后悔了：会有几个家长会主动参加家长委员会呢？首先反思自己，儿子都上五年级了，可自己却从未主动与老师联系过，除了偶尔参加他们的家长会、听过两节课，便再无交流。想到这些我就担心我这个大胆的创意会“胎死腹中”，万一家长都不愿意参加可怎么办？我总不能强制家长参加吧。

思考良久，我准备从学生入手。在发放班级小报给学生带回家的那一天，我对全班同学讲了组建家长委员会的意义和目的，最后，我说道：“同学们，你们现在可真幸福啊！因为你们大多都是独生子女，你们的爸爸妈妈一定非常爱你们，愿意为你们付出一切！”听着我的这些“恭维话”，学生可高兴了。我继续说道：“你们的爸爸妈妈这么关心你们，他们一定会愿意参加我们的家长委员会，真心真意为我们班级服务的！”我悄悄观察着全班学生的表情，他们已经失去了刚才的得意劲，表情复杂。而此时的我心里有了底：“他们一定会说服自己的父母参加。”

该做的工作都做了，我心里却还是忐忑不安。好不容易熬到了家长交回执的那一天，我惊讶了、感动了，全班 52 名学生，有 51 位家长愿意参加。这个良好的开端，给了我很大的信心和动力，让我有勇气走完后面的每一步：请每位报名的家长撰写竞聘书并张贴于班级，让全班学生进行海选、投票、选举……用了整整一个月的时间，六位家长委员会委员终于评选出来了。自己父母被选上的学生很是得意。

ZHEN 文化班家长委员会竞聘书及竞聘成功感言

我是沈凯的妈妈，我叫魏萍，家住青龙苑，是一个乐观开朗的人，颇能得到朋友和同事的信赖。我的职业是个体经营汽车零配件。……我为当选为家长委员会代表感到荣幸，希望八年级（6）班全体同学的成绩更上一层楼，我愿为班级做贡献，献出自己的一份爱。

我叫强定方，是强帆的爸爸。我从事会计工作，工作积极努力，生活认真负责，性格活泼开朗、幽默风趣。……我一定会竭尽所能协助学校、老师做好学生的教育工作，引导孩子快乐健康地成长，做一名称职的家长委员会委员。

我叫钱金花，是章静泊的妈妈。我是一名活泼开朗的女士，性格随和，在家总和孩子一起嬉闹玩耍。……我是一名会计，曾经做过多年的企业管理。我有很强的时间观念，喜欢高效率的学习工作，愿意和各位家长成为朋友，一起为班级服务！

我来当会长

家长委员会成立了，国庆长假的最后一天，首次家长委员会例会召开，通过了家长委员会章程。

ZHEN 文化班家长委员会章程

［家长委员会职责］

1. 关心北环中学的教育事业发展，支持班级教育教学工作。

2. 每月召开一次家长委员会会议，听取班主任和学生每月的工作总结，积极参与班级管理，为班级的建设出谋划策。

3. 组织家长对班级工作进行监督，广泛收集学生、家长的意见，并通过有效渠道提出合理化建议，让教师及时了解家长的心声。

4. 协助班级做好个别对班级工作有误会的家长的疏导工作。

5. 积极带领广大家长参加学校组织的各种活动，挖掘和利用家长资源，促进学校与社区、家庭建立更加密切的联系。

6. 收集家庭教育方面的成功经验和案例，进行交流，做好家庭教育工作，在全体家长中起到表率作用。

7. 收集家长提案，不定期分组分批组织孩子活动，培养孩子的交际能力，扩大孩子的交往范围。家长委员会每月至少组织一次班级活动，并邀请家长参加。

8. 开展组建“学习型家庭”工作，通过调查问卷了解学生家庭的文化氛围，组建工作意向，首次确定组建“学习型家庭”对象。

9. 建立“班级基金”，为下一步开展各项活动奠定物质基础。

[家长委员会章程]

总则

1. 家长委员会要以班级为核心，服务班级教育，有效配合班主任工作，为家校沟通提供合理渠道。

2. 家长委员会集一批热心于班级工作的有识之士，对学校教育、校外教育进行探讨、研究和改进，适当组织班级学生进行集体旅游等活动，以增强学生交往能力，增进同学情谊，拓展学生视野。

性质

1. 家长委员会是联系学校、家庭的桥梁。

2. 家长委员会是家长的代表、班级的参谋。

职能

1. 建立家长委员会定期开会制度，每月至少组织一次班级学生与家长共同参与的活动，对班级工作提出意见和建议，引导家长积极参与班级教育与管理。

2. 通过“家校通”、电话、面对面等交流形式与班主任保持紧密联系，及时向班主任反馈学生在校外的表现，配合班主任做好学生的教育工作。

3. 组织学生参加有意义的文化娱乐活动，为学生投身于社会大课堂参加劳动实践、社会调查提供基地。

4. 通过各种渠道了解家长对班级教育的要求和对学校、教师的意见。

机构

1. 家长委员会代表由六名人员组成。

2. 家长委员会设会长一人，会员五人。

3. 首次家长委员会全体会议由班主任组织召开，今后家长委员会全体会议由家长委员会成员轮流组织召开。

附则

本章程由首届家长委员会讨论通过方可生效。

家长委员会还应该选出一名会长，负责家长和教师之间的联系工作，统筹安排家长委员会组织的全部活动。可选谁来当会长呢？这可不好选。虽然还没确定会长人选，但还是要先建立一张家长委员会成员联系单，便于以后联系。于是我先给家长委员会成员发了一张联系单。

由于担心他们不会填“家长委员会职责”一栏，所以我事先确定好了名称，第一行便是会长的信息。联系单传到第一位家长——刘女士手上，刘女士是哈尔滨人，典型的北方人，豪爽、不拘小节，她看都没看就将自己和孩子的名字填在了第一行，随手传给了第二位家长钱女士。钱女士是会计，做事小心谨慎，仔细看过联系单后，慢条斯理地说：“这顾妈妈（刘女士）可真自信啊，选自己当会长了！”大家的目光齐刷刷地转向刘女士，她的脸“唰”一下就红了，接过表格才发现第一行的职责一栏有“会长”两字。我本以为刘女士会反悔，可没想到刘女士停顿了几秒后，笑着说：“写都写了，吕老师这份表格可能也就带了一份吧，咱就不改了！大家给我个机会，让我试试看，如果做得不好，大家再炒我鱿鱼!”在场的家长都笑了，同意了刘女士的建议，我想他们更是被她的这份机智和豁达所感染了。家长委员会会长就这样评选了出来，刘女士无意的填写解决了让我颇为为难的事。

在会议的最后，家长委员会决定为了让这个组织最大限度地发挥作用，他们一定要会努力沟通联系，让家长们多走进学校、走进班级，积极参加班级的主题班会和活动。

家长心连心，孩子手牵手

家长委员会的工作效率很高，组建几天后，刘女士就将第一次由家长委员会组织的主题班会方案通过邮件发给了我，方案很简单，或许在我们做教师的看来称不上真正的班会方案，但看得出来她很用心。我很激动，也很自豪，于是鼓励学生根据家长委员会组织班会活动一事出一期海报。由家长主持班会可是头一次，不知道他们会做得怎样。然而不管怎样，这件事还是在学校引起了不小的轰动。很多班级的学生来找我，说希望到时候能来我班观摩和学习，还有一些班主任也来申请观摩、学习，弄得我很不好意思，心里七上八下的，既开心又担心。

两周后，“家长心连心，孩子手牵手”主题活动在家长委员会的精心策划下终于拉开了帷幕。本次班会的主题来源于家长委员会六位家长的讨论，他们认为如果只关心自己的孩子，那么六个人也只能关心六个孩子，如果他们每人多关心几个孩子，就

“家长心连心，孩子手牵手”主题活动照

能将关心和爱给予班级中所有的学生了。于是他们决定在班中成立六个团队，每人带领一个团队，以此将爱和关怀给予更多的孩子。活动中，六人满怀热情，自信地进行现场演讲，孩子们被这六位家长的“就职宣言”感动了，自愿组合，开始亲近这些叔叔、阿姨。

整整45分钟的班会活动，形式活泼，穿插了学生的表演和家长的动员，互动性很强，让我感受到家长们强烈的爱和责任，以及学生、教师、家长之间的信任。

活动后，家长和学生都写下了活动感言，感言中流露出真诚、理解、信任和幸福。

“家长心连心，孩子手牵手”班会活动感言

作为父母，十几年来我们关心最多、给予爱最多的只是自己的孩子，从今天开始，我和另外五位家长委员会的家长有了一个共同的目标——做八年级（6）班全体学生的好家长，让我们和孩子零距离，让我们成为孩子的好朋友。帮助八年级（6）班全体学生健康成长是我们每一个家长的责任。

——家长刘女士

“家长手牵手，孩子心连心”主题活动是我上过的最有意义的一堂课。这次班会是由顾依侬的妈妈和两位班级小主持人共同主持的。活动中，家长委员会的各位家长逐一介绍了自己，并讲出了他们对班级的期望，表达了他们为班级做贡献的决心，话语虽少，但都是发自内心的，让每个同学都很感动。家长介绍完后是学生的才艺表演，精彩的节目都是同学们利用课余时间排练的。随后，我们又进行了分组，每个家长委员会委员带领一个团队，我们一起交流，一起讨论。虽然只有十几分钟的时间，但周常亮的爸爸发自内心的话语已经给了我很多启迪。仔细想想，我确实应该改变自己了，父母付出了这么多爱，我却还迷茫地面对人生，面对学习上的一点困难就退缩，实在很不应该。我要坚强地飞起来，顶住风雨，勇往直前。

——学生程耀文

主题班会结束后，家长委员会的委员们便利用双休日带领自己的团队开展活动：欧阳宇浩的爸爸是电工，他利用自己的特长，教孩子们安装电路，看着复杂的电路，孩子们都觉得束手无策，所以对他既佩服又喜欢，更加愿意和他做朋友了；强帆的妈妈把孩子们叫到自己家中，烧了一桌好菜；章静泊的妈妈带着自己的团队到公园谈心、交流，做他们的知心朋友……

ZHEN文化班学生日记

顾丹妮

周日下午，我们小组在欧阳宇浩家，跟着欧阳宇浩的爸爸学习安装电路。通过这次活动，我们不仅学会了交流电和直流电的基本概念，还促进了与同学间的友谊、提高了动手能力。欧阳宇浩的爸爸首先介绍了交流电和直流电，然后给我们演示了一遍如何安装，我们都听得很认真。讲完后，我们开始自己动手操作。我很认真地安装，但灯泡总是不亮，我很着急。仔细检查后才发现，原来是电源没接好。成功后我们都欢呼起来。我们从中体会到了成功的喜悦。这次活动很有趣，我很感谢欧阳宇浩的爸爸为我们的付出，他让我们体验到成功的快乐。

想“旁听”的徐妈妈

随后的班级活动，我们经常会邀请家长参与，同学们也很喜欢家长们的参与，班级建设的合力越来越大。有一天，我接到了徐同学的妈妈的电话：“吕老师，我是徐××的妈妈，今天打扰您了，我有件事想跟您商量一下，但又有些不好意思。”“什么事？您说吧！”我不知道她有什么事，心中很忐忑。“我知道班里成立了家长委员会，经常在一起交流孩子们的教育方式，关心班级学生的发展，其实我也很想参加，只是没有被选入家长委员会。吕老师，您看，我开了个奶茶店，你们下次活动时能否邀请家长委员会的家长们到我的小店来举行？一来我想表达一下对他们的感谢之情，二来也可以借此机会旁听一下，学点知识。”

ZHEN 文化班家长委员会例会

于是，我们来到了这位热心妈妈的奶茶店，还邀请了一些同学和其他家长。在这次活动中，我和家长们主要做好“倾听”工作，了解孩子们的内心世界。当然最善言辞的周同学的爸爸还不忘给大家讲一些幽默小故事，赢得了大家的阵阵掌声。

走进“不抱怨的世界”

家长委员会委员经过与孩子们的亲密交往，愈发热心于班级建设了，他们经常走进校园、走进班级。另外，通过不同的活动锻炼，家长们的策划能力、组织能力和表演能力都有了很大程度的提升。

“走进‘不抱怨的世界’”就是家长委员会策划组织的第二次主题班会。这次活动的设计方案仍然是刘女士通过邮件发给我的，方案的设计进步很大。

ZHEN 文化班“走进‘不抱怨的世界’”班会活动方案

活动日期：2009 年 12 月 16 日 16:30

地点：北环中学阶梯教室

参加人员：八年级（5）班、八年级（6）班全体学生和部分家长，

被邀请的嘉宾及所有任课教师

活动设计：八年级（6）班家长委员会

主持人：八年级（6）班学生顾依侬家长——刘女士

现场流程：所有人入场后主持人讲生活中有关抱怨的例子，举1～2个例子，然后出示《不抱怨的世界》这本书，分享书中1～2个例子，介绍目前在企业、生活中这本书和这本书的观念给我们带来的变化。

活动1：小品《生活中的烦恼》、歌舞《稻香》。

活动2：请一位到场家长分享他在生活或工作中的抱怨。

请一位同学来分享自己的抱怨。

活动3：主持人向大家介绍，一次偶然的机会，从朋友那里接触到《不抱怨的世界》这本书，认识到在生活中不要一直抱怨，否则就会错失很多美丽的“风景”，并讲解生活中抱怨与健康的关系，说明快乐生活的意义。

活动4：讲解紫手环（家长委员会事先做好紫手环）的用法。

活动5：家长委员会委员给到场学生、家长、来宾和教师发放紫手环。

活动6：现场家长和孩子互相给对方戴紫手环，家长讲1～2句话鼓励孩子的话，孩子送给家长一句话。

活动7：家长和孩子分享是什么原因导致紫手环被换到另一只手上。

活动8：现场挑选一名学生给班主任吕老师带上紫手环，并进行现场采访。

活动9：主持人送给大家一首励志歌曲《Hero》。

活动10：活动结束之际，学生、教师或家长可将余下的紫手环带走送给自己的亲朋好友。

活动前我几次与刘女士联系，咨询本次活动我需要做哪些准备工作，可刘女士说我只需准备一个大一点的活动场地就可以了，其他的全部由他们负责。

开展活动那天，活动的地点——多媒体教室要进行全校的教工大会，等会议结束才能腾出地方给我们搞活动，时间很紧迫。当会议结束，大家推开会议室的大门时，被眼前的那一幕震惊了：十几个家长整整齐齐地站在门口，两块活动宣传板、一大堆书、一千多个紫手环也都被放在了门口。

活动整整进行了一个小时，到场的教师、家长和学生都戴上了紫手环。这时，主持人刘女士提醒现场的同学："大家再看看，我们现场还有一位，一直忙到现在，还没有机会戴上紫手环的人，大家知道她是谁吗？"这时，现场安静下来，不约而同地将目光聚集到了我的身上，因为我一直在为活动播放视频，还没来得及戴上紫手环。"那么，有哪一位同学愿意来为尊敬的吕老师戴上紫手环呢？"刘女士语音未落，现场就有几十双手举了起来，"这么多同学啊？怎么办呢？还是让我们的吕老师来选择吧！"刘女士将话筒递给了我，我激动得眼睛都模糊了，脑子里更是一片空白。巡视的目光停留在了梁同学的身上："就请梁××吧！"一阵热烈的掌声迎来了略带羞涩的梁同学……

活动在一首《Hero》的英文歌曲中落下了帷幕，可同学们似乎还意犹未尽，纷纷向刘女士要紫手环准备赠送给自己的好朋友。

第二天一大早，有家长来找我："吕老师，早上好啊！我是梁××的妈妈，昨天我参加了你们的活动，很感动，以后我一定会经常参加你们的活动，有需要我帮忙的地方尽管说。"看来又是一个对活动表示满意的家长。她接着说："您知道吗？梁××昨天晚上一直睡不着，嘴里一直念叨'吕老师怎么会选我给她戴紫手环'，他还一个劲地问我'是不是吕老师对我抱有很高的期望'。于是我就借机鼓励他，说您很看重他……"我只是随便选了个学生来给我戴紫手环，却没想到会给他带来这么大的希望，如果能多选一些学生那就更好了！我赶忙对她说："是呀，那就麻烦您跟梁××说，我看好他！"之后，梁同学的变化很大，让我感到很欣慰，通过这件事也让我认识到孩子们是多么需要教师的关注与鼓励。

ZHEN 文化班"走进'不抱怨的世界'"班会活动感言

张 娟

今天，我们八年级（6）班与八年级（5）班一起举行了主题班会——走进"不抱怨的世界"。首先，同学们表演的一个小品，小品讲述了孩子与家长、家长与老板之间的事情。其中的每个人有许多烦恼，常常抱怨这个世界、抱怨身边的人。其实我与小品中的他们又有什么不一样呢？在家中，父母总是唠叨个没完，虽然我明白父母是为我好，但我就是很反感，总会抱怨他们的唠叨；在学校，因为成绩不好、作业质量不高、默写分数不理想而常常抱怨自己为什么没有别人学习好……其实这样的抱怨每个人都有，该怎么去看待这些问题并解决呢？通过这次班会活动，我终于明白了。首先，我们要保持积极向上的生活态度，面对挫折和困难，要勇于承担，努力去解决问题；其次，当自己有错误时，要及时改正，告诫自己不能犯同样的错误。在生活中，只要迎难而上，就能克服困难，就能开开心心地过每一天。

我也想组织一次班级活动

元旦即将来临，这预示着新的一年离我们不远了。按照惯例是一定要庆祝的，相当于全班同学在一起过新年了。那么今年我们要举行什么活动呢？

正巧前不久家长委员会的季女士跟我"抱怨"："吕老师，我们那个会长太能干了，她总能想到好点子，我远不如她呀。"家长们这种热情参与的积极性时常打动着我：“您可别这么说，我觉得你们每个人都很出色，给我的工作带来了很大帮助!”“吕老师，其实我也想像会长那样组织一次活动，可是除了做饭，我就没有其他特长了。您可得帮帮我，让我也有机会组织一次班级活动。”她这番真诚的话一直留在我的脑海里。我一定要给她一个机会！不如，我们这次元旦联欢会就举行包饺子活动吧，那不正好是她的强项吗。当我将这个想法告诉她时，她立刻同意了，还说饺子皮和饺子馅都由她来准备。于是温馨的“展望 2010”班级聚餐活动开始了，在妈妈们的细心指导下，从未包过饺子的男孩女孩们都动起手来，虽然动作不够娴熟，饺子包得也不好看，但大家的心是热乎乎、甜蜜蜜的。

ZHEN 文化班“展望 2010”主题班会

如今，越来越多的家长愿意参与我们的班级活动了，而且孩子们也都希望自己的父母能来参加。在这次活动之前我接到了一个电话：“吕老师，我是钱××的妈妈，我今天要向您请个假。”“请假？什么意思?”我有些纳闷，“您说吧，没关系的!”“我家钱××说了，这次活动家长一定要参加，不允许请假。可我单位临时有些急事要处理。”她的语气中充满了无奈和愧疚。我什么时候说过不能请假呢？这倒让我不好意思了。后来我从同学那里了解到，原来钱同学因为看到其他同学的家长经常来参加活动，心里很是羡慕，也希望自己的妈妈每次都来，于是就想借我的“要求”请妈妈来。

像这样希望自己的爸爸妈妈来参加班会的学生还真不少。开元旦联欢会那天，就在我们的活动即将结束时，沈同学的爸爸突然出现在教室门口，主持人很机灵，立马请沈同学的爸爸给大家说几句新年寄语。于是，因赶路而气喘吁吁的沈爸爸激动地说了起来，可说到一半的时候他突然笑了："对不起啊，我今天出差刚刚从外地赶回来，可我们家沈××说一定要我来参加班级的活动，所以我也没有准备，一紧张就用家乡话——高邮话说了起来，大家都没听懂吧！我重新来……"现场一片欢声笑语。多么可爱的家长、多么可爱的学生，让我感受到无限温暖。

让爱心延续

暑假，家长委员会的委员们仍然坚持每周带领自己的团队开展活动，并在班级开设了《弟子规》课堂，家长们给孩子们买来了书，带来了光盘，让孩子们在集体环境中学习《弟子规》。

ZHEN文化班学习《弟子规》感言

强 帆

在没有读《弟子规》之前，我以为我在父母心中的地位是至高无上的，他们得听从我的指挥。自从学了《弟子规》，我知道了父母能容忍我的放肆和傲慢全是因为爱，也明白了应该如何孝顺父母。以前，我一到家，就坐在椅子上，大喊："我饿啦！什么时候吃饭？"吃完饭，我总是坐在餐桌前等着爸妈收拾。自从学了《弟子规》中的"出则悌"后，我认识到了自己的错误，如吃饭时，爸爸妈妈还没坐下，我就先坐下开始吃了，这样很不好，我相信自己一定可以改正。

这本书教育我们要孝顺父母。父母的所说、所做都是为了我们好，所以我们应当听从他们的教诲，我们要用心去爱他们。通过《弟子规》的学习，我还懂得了怎样与人相处。我一定要和兄弟姐妹们和谐相处，这样父母才不会为我们担忧，这也是孝敬父母。此外，穿衣服要整洁，要符合自己的身份；不应该在背后议论人；做人要大方，不计较，这样会变得很快乐。俗话说，金无足赤，人无完人，只要我们尽量做好自己应该做的，不用去在意别人的看法。

《弟子规》对我们一生有益，我会时时刻刻用这本书中的道理来鞭策自己，努力做一个有道德、有修养的人。

在九年级开学的第一个月，家长委员会又忙着召开会议策划下一阶段的活动了。

2010年9月，在学校的组织下，九年级全体师生和部分家长在常州市红星大剧院开展了“追逐年轻战场　绽放理想之花”主题活动。

“追逐年轻战场　绽放理想之花”活动流程

1. 歌曲大联唱：《青春之歌》《年轻的战场》《蜗牛》《阳光总在风雨后》《飞得更高》《相信自己》等。

2. 追寻优秀足迹：优秀学生发言，并表演配乐诗朗诵《初三之美》。

3. 家长代表配乐诗朗诵《经历初三　也是一种幸福》。

4. 播放短片——国际球星贝克汉姆为阿迪达斯做的广告片《艰难的时候总会过去，只要你能坚持下去!》

5. 七彩信箱。

6. 美好祝愿和激情挑战。

7. 真情互动，感恩励志。

（1）小游戏。

（2）观看短片《感恩的心》，家长上台，学生献花。

（3）主持人（家长）激情讲述《蓝丝带的故事》，学生给家长和教师系蓝丝带。

8. 全体人员齐唱《怒放的生命》。

9. 陈校长讲话。

在这次活动中，我班的家长委员会主动承担了拍摄电视短片《感恩的心》的任务。为了拍好这个短片，家长委员会专门召开了一次例会，确定并写好拍摄的剧本。为了提高短片的质量，何同学的妈妈还请来了一位专业人员，到一些家长的单位和家里进行拍摄。其中张同学的妈妈，是四川人，十几年前就来常州市打工，一直在做清洁、家政类的工作，这几年才把儿子接来常州市读书，并希望儿子能考上高中，将来考上大学。当我询问可不可以去她单位拍摄、她愿不愿意暴露自己的职业时，这位平凡的母亲讲出了不平凡的道理，她说："只要是对孩子有帮助，对你们的活动有用，我都愿意。"我们还去了丁同学妈妈所在的轴承厂，拍摄了这位瘦弱的母亲在满是油腻的车间搬运沉重的轴承的场景……那天的活动非常成功，现场的人看到短片都感动得哭了。短片中的一位母亲在活动后向我提出了一个小小的要求，说希望得到活动中儿子为她献花拥抱的照片。她说十几年来，因为长期不跟儿子在一起，儿子拥抱她时她非常紧张，却又很享受儿子的拥抱，希望能永远保存这份温暖。

2011年的1月份，虽然十分寒冷，但家长们还是主动来学校参加"一日教师"活动——到班上来听课一天，观察学生课上及课后的表现，包括学生的午餐、自习等情况，然后对学生、教师提出宝贵的建议，同时让孩子们真切地感受到家长的关心。梁同学的妈妈在教室坐了整整一天后，在放学前，主动走上讲台，总结了一天中她所看到的、听到的和想到的，她特别提出学生午餐浪费非常严重的现象，希望大家珍惜粮食，并提出下周一的晨会应该围绕这个问题展开。强同学的妈妈听课那天，正巧碰上了来我校参观的一批校长，其中有一位校长问她"你在这儿坐一天累不累"时，她笑着说："累也不能说累，否则我们怎么要求孩子们每天坐在这里认真学习呢，我们应该是他们的榜样，所以，我要做得更好!"

2011年4月，对于每个九年级的学生来说都是非常关键的时期，我和家长委员会又策划了“齐心协力、同心圆梦”的主题活动。

首先44名同学和16位家长通过抽签被分成5大组，每组在规定的时间内确定本组的队名和组长。

接着给每组一定的时间进行训练，要求组员手拉手不能放开，依次穿过一个呼啦圈，看哪个队用的时间最短。经过练习之后，开始比赛。为了增强学生的自信心，让他们认识到团结一心、刻苦努力的重要性，我们规定在整个活动中，全部听学生的安排，家长只需配合即可。活动非常成功，其中的几个小插曲让我永远感动。

活动的前几天，何同学的妈妈打电话告诉我她的脚不小心被烫伤了，需要休息几天，恐怕不能来参加活动了。这让我感到很遗憾，因为何同学的妈妈是本次活动的策划者之一，她花费了很多的心思。就在活动开始前的一小时，何同学的妈妈打来电话，说真的很想参加活动。怎么办呢？在一旁听到电话的沈同学的妈妈立即自告奋勇，将何同学的妈妈接到学校，还把她背上了二楼活动室。整整一个半小时的活动，何同学的妈妈只能一直将受伤的脚高高地放在椅子上，虽然很累、很辛苦，但她说：“累，但值得！”

在活动中，强同学的妈妈抽到了班里反应比较迟钝的三个女生，当时我想这个组肯定是最后一名了。但在最后的比赛中，他们队居然夺得了第一名，这让三个女生很激动，她们说从没拿过第一，这次夺得第一、领到奖品会让她们终身难忘。活动后与强同学的妈妈聊起来，她说其实当她看到这几位同学在他们队时也有些担心，但她有一个信念，那就是无论如何要尽最大的努力创造奇迹，战胜自我！所以，他们组一分钟都没休息，一次又一次地反复练习，最终赢得胜利也是意料之中的！

活动中还有一个环节——经验分享，每组选出一名学生上台讲述本队的经验。我发现，学生都能从不同的方面进行阐述和总结，学生的能力确实在一次次的活动中得到了提高。

家长委员会引领她成长

家长委员会会长刘女士在两年多的家长委员会活动中付出了很多的时间和精力，但也收获了成功和成长！2012年3月，她受上海市奉贤中学之邀为其学校的家长委员会做专题讲座，她的亲身经历和真心付出感动了到场的所有人，得到了大家的一致认可！

刘女士发言稿（节选）

我有一个女儿，叫顾依侬，是个有主见但又略显固执的女孩。因为家庭原因，我一直是一个人照顾孩子。因为自己工作较忙，我虽然很想关心、帮助她，使她快乐成长，却显得心有余而力不足，等到孩子进入初中才突然发现她的变化，与孩子之间的距离也越来越大了。我是从事人力资源教育的，当我习惯地用一些标准去衡量自己孩子的时候，会觉得在她身上欠缺的东西太多了。作为母亲，我能为孩子做些什么呢？单凭个人的力量很单薄，如果有一个群体，为孩子的成长而共同努力，那该多好啊！这个想法一直萦绕在我的脑海中。人们都说心想事成，果然是这样，2009年9月，女儿的新班主任——吕丽老师给我带来了希望和实践的机会，让我走上了家长义工的道路直到现在——坐在这样的一个会场。

回看两年多来走过的义工之路，我很感动，更多的是幸福。虽然没有占用公司一点时间，一天假都没请过，每年的年终奖也都拿到了，但这些都比不上看到孩子们的进步来得开心！我的女儿顺利地进入了高中，这个班集体中的大多数孩子也都进入了自己理想的学校。今天，受我们上海市奉贤中学的邀请来这里做交流，我找到了班主任吕老师，跟她要来一些图片资料，当我一张张地整理这些照片时，我被自己感动了，我被这些最真、最可爱的家长们感动了。我庆幸凭着自己的一份热情，陪着孩子走过了她美好的初中时代。我的孩子也为我感到幸福和骄傲。我对孩子许愿说，妈妈想把这件事情一直做下去，坚持做10年。她很赞成！就像我在一次活动中承诺的："我们会将义工活动做到孩子毕业！以后，只要吕老师需要，北环中学需要，我们还会义无反顾地走进北环中学，为孩子们服务！"

2009—2011年可以说是我班主任历程中最充实的两年，我和这个班级的所有同学在ZHEN文化的建设道路上一起拼搏，一起努力着！

ZHEN文化班学生感言

"ZHEN文化"一直伴随着我们成长，它诠释着做人、做事、做学问等各方面的道理。在这种文化的感染与熏陶下，我们收获了很多课本上没有的知识，而开展的许许多多的活动，也带给了我们难忘的多彩回忆。

——陈叶

自从我们开展班级文化建设以来，我们的班级风貌发生了质的变化，大家积极上进，抱着感恩的心面对一切。父母也常说我们的班级文化建设是提高自身能力的好帮手。

——张诚

"ZHEN文化"已经陪伴我们一年半的时间了，它就像一位忠实的朋友，时时刻刻伴我左右，给我提示、给我方向、给我信心、给我力量。我真心希望"ZHEN文化"能伴随我们一生，我们还要用这样的力量去感染身边的所有人！

——徐汐媛

即使学生毕业了，班级文化仍然是他们记忆中不可抹去的一道亮丽风景线，很多学生给我写信，除了表达对我的想念之外，让我感到欣慰的是他们没有忘记在北环中学的每一次活动。

ZHEN文化班学生来信

尊敬的吕老师：

您好！

回首往事，我仍清晰地记得我刚进入北环中学的情景。这三年，北环中学见证了我的蜕变，也给我留下了太多太美的回忆和不舍……还记得在运动会上我们一起拼搏过，还记得在班会前我们一起策划过，还记得在中考前我们一起奋战过，更记得“送别会”上老师献给我们初三全体同学的一首歌：当你背上行囊，卸下那份荣耀……

请原谅，我因课业繁忙不能回母校，但我的心是在这里的，这个我生活了三年，依恋了三年的地方……

祝

全体老师教师节快乐！

也祝环中人一代代传承“和”文化，永远不息。

我不会忘记：我是一名环中人！

你的学生

2012年9月1日

第三章 让班级成为学生的精神家园

因为自己是一名物理教师，每次担任班主任都只能从初二或初三开始，这就给我的教育理想带来了局限性。在阅读雷夫·艾斯奎斯的《第56号教室的奇迹》时，我一次次为雷夫老师的智慧、执着和真心付出所折服。在大家都觉得我可以“功成身退”的时候，我提出了担任初一班主任的申请。“相聚三年，幸福一生”成为我和孩子们三年的共同愿景！

又一届学生毕业了，这两年我做了很多事情，件件让我难忘，件件让我回味。这两年留给我的已不再是做班主任的辛苦和烦恼，而是看到学生成长后的满足和欣慰。

作为一个年近四十的女教师，我已经评上了高级职称，身体状况也不是很理想了，所以身边的朋友、亲人和同事都劝我不要再担任班主任了，我陷入了深深的思考中。做教师是我的梦想，做班主任的经历让我的这个梦变得五彩缤纷，一届一届的班级带下来成就了我很多的荣誉，也使我得到了大家的认可，我应该在这个时候选择退出，“见好就收”呢，还是应该勇往直前？我的心里很矛盾。

一个偶然的机会，我阅读了雷夫·艾斯奎斯的《第56号教室的奇迹》，很难有人如雷夫·艾斯奎斯一般给人以震撼与惊叹——他在同一所学校的同一间教室，年复一年地教同一个年龄段的学生长达二十多年，获得的荣誉不计其数，给他提供捐助的人也不计其数。他的事迹轰动整个美国，并被拍成纪录片，他的著作《第56号教室的奇迹》成为美国最热门的教育畅销书之一，但他仍然坚守在他的56号教室，证明着一个人能够在最小的空间里创造出最大的奇迹。我如饥似渴地读完了这本书，一次次被书中的“奇迹”所震撼。他创新了教育方式，把学生变成了热爱学习的天使；他热情的教育态度，把教室变成了温暖的家。这“56号教室”不就是我这么多年来一直追逐的梦想吗？我渴望我的学生热爱学习，渴望我的学生学会做人，渴望我的学生喜欢教室，渴望我的学生学会创新！可这十几年来我所做的与雷夫老师所做的比起来显得是那么渺小，我没有任何理由觉得自己优秀！一天晚上，我做了一个梦，梦见自己所带的班级也具备了“56号教室”的灵动，梦见三年后从自己班级走出的学生也具备了一种特有的气质，在属于他们的天地里健康、快乐地成长。我真不希望自己从梦中醒来，宁愿做只追梦的蜗牛，不在乎终点，更享受过程。于是，我大胆地向陈校长提出担任七年级班主任的设想。这个愿望终于实现了，我又朝着自己新的奋斗目标大胆地跨出了一步……

第一节　“七·彩”班级文化的诞生

看着刚进入初中的一张张稚嫩的脸，我的心中充满希望和憧憬，一个个规划在我的脑中闪过，用什么样的文化、什么样的精神引领学生三年的初中生活？三年后从这个教室走出的学生，应该具备什么样的文化底蕴？这些思考在我的脑中一刻都未停止。

我的创意得票最低

有了前几年的经验，确立班级文化建设的主题对我来说显得轻松了很多。我想，对于一个新成立的集体，学生之间并不熟悉，恐怕短时间内他们自己很难确立一个班级文化建设的主题，不如我给他们确定一个主题。但他们会不会接受呢？我决定还是先摸摸他们的底。我鼓励学生思考、谈论适合我们新集体的班级文化建设主题，与此同时，我故意抛出了一个主题，想在班级讨论的时候以举手表决的方式通过。我本以为大多数学生会顺从我的意愿，赞成我提出的主题，可真正表决时，我发现全班只有一个学生赞同我提出的主题。当时我很诧异，觉得很没面子的同时也暗自高兴，因为这次尝试让我真正体验到班级文化建设的意义所在：我们需要建设的是属于学生自己的文化！

于是，就有了我们七年级（7）班的“七·彩”文化。我觉得对于新的班集体而言，确立属于这个集体的文化特色很重要，应该征求每个学生的意见，切忌操之过急。下面就是七年级（7）班一位学生写下的《“七·彩”文化诞生记》。

“七·彩”文化诞生记

9月1日那一天，我们50位同学相聚在一起，形成了这个充满爱的集体，从那天起，我们便开始建立属于我们自己的班级文化。

起初，我们没有任何思绪，只会套用别人的想法，每一个方案都不能体现出我们（7）班的特色。为此，我们苦恼了好久，也讨论了很多次，但都没有收获。吕老师也提了自己的创意，但只有一个同学拥护她。因为我们都认为班级文化应该体现我们自己的特色，它将伴随我们三年的初中生活，所以绝对不能草草了事。

在一次自习课上，同学们纷纷建议用“七”文化，因为“七”不仅代表我们（7）班，而且它的谐音有“旗”和“气”。“旗”又可以理解为旗帜，表示我们是北环中学的旗帜，我们要为北环中学增光添彩。而“气”又代表气质，表示我们要做一个气宇轩昂的人。还有同学建议用“彩”文化。“彩”是提醒我们要勇于展现出自己的风采。“彩”的谐音“才”，预示着（7）班同学将成为才华横溢的人。“七”与“彩”的组合体现出我们丰富多彩的中学生活。就这样，在大家的共同努力下，“七·彩”文化便诞生了。

有了主题后，我们要围绕主题确立班训、班级精神、班徽和班歌。班训就是我们共同的奋斗目标。我们紧扣班级文化主题展开想象，最后想到了六个有代表性的词，形成了现在的班训——旗帜、启智、气质，博才、风采、精彩。

接下来便要确立班级精神。班级精神是我们共同的期望：七彩生活，伴我成长，气宇轩昂，环中旗帜；(7) 班少年，博学多才，展示风采，无限精彩。

然后进行班徽的设计。大家对班徽的设计可谓热情高涨，最后有两位同学的作品入围了，大家一致认为可将他们的创意结合起来，于是就有了我们现在的班徽。

“七·彩”文化班班徽

q代表“七”，花的枝干代表“彩”，莲花表示学生纯净的心灵。用书页折成的翅膀代表梦想的风帆，七色光环代表学生的无限风采，光环中还有我们“七·彩”文化班的班训：旗帜、启智、气质，博才、风采、精彩。

我在暑假夏令营的时候就听大哥哥大姐姐们介绍他们的班级文化，了解到班歌就是用优美的旋律唱出我们的心声，唱出我们对未来的希望。当老师提出让我们选出一首歌曲改编歌词时，我们才发现自己会唱的歌实在是太少了。经过海选、精选，最后我们确立的班歌是由《爱因为在心中》改编的《七彩梦在心中》，它在字里行间透露出大家对实现梦想的渴望。

在未来的三年里，希望我们在“七·彩”文化的带领下，真正成为北环中学的一面旗帜，做个有气质、有才华的人。让我们携起手来，共同迈向成功的彼岸！

这个舞台也属于你

作为七年级的新生，来自于不同的学校或班级，怎样才能在最短的时间里让他们彼此了解，学会欣赏他人呢？我为他们量身定做了活动——相识才艺秀，每天放学前由一名学生上台展示自己的才艺。

每天的才艺展示进行得非常顺利，班级中已有近四十位学生进行了才艺展示，大家都拿出了自己的看家本领，有空手道、跆拳道、舞蹈、唱歌、吉他、画画、朗诵、手工制作，甚至还有魔术表演。通过这种方式，一方面让原本陌生的我们一下子拉近了距离，另一方面也让每个学生找到了自信。

但是，我却迟迟没有看到他举手。是啊，身体有点小问题的他表现的是那么的不自信，甚至连上课老师提问，也听不到他的声音。为此，我与他的家长进行了交流，家长的态度很明确，希望老师能多给孩子一些锻炼的机会，不要过分考虑他的特殊性。但我该怎么办才能让他融入这个集体呢？

一天，我终于鼓足勇气，试探性地对他说："班里大多数同学都表演了自己的才艺，老师好想看到你的表现。这个双休日你准备一下，下周一你来展示，行吗？"我怀着忐忑的心情等待着他的回答，他腼腆地点了点头。这时的我别提有多高兴了，我期待着下周一的到来。

周一，他终于走上了这个才艺秀的舞台，小心翼翼地展开他画的"向日葵"，全班同学将最真诚的掌声送给了他。我趁热打铁对他说："大声说出你的名字，大声说出你作品的名称！"看着他那张通红的脸，我坚定地向他点点头。在我的鼓励下，他终于尽自己最大的努力说出了："我是×××，这是我画的向日葵！"

多么有生命力的向日葵！我说道："谢谢你，×××，是你让我们感受到了向着太阳生长的精彩和幸福！请你记住，这个舞台同样属于你!”

你们的班会是真正为学生服务的

2011 年 10 月，浙江省宁波市某校校长要来学校听一节我班的班会课，可班级刚刚成立不到一个月，学生之间还不是很熟，该开个怎样的班会呢？我想了很多方案，都觉得很难实施，于是找来一些同学商量：这一个月留给大家印象最深的是什么？大家都说是我们的班级文化。我认为，大家觉得班级文化给自己留下的印象最深也不奇怪，因为这一个月来，我们确实花了很多时间来讨论、总结班级文化。

最后，我们达成共识，以“难忘九月”为主题，将这一个月发生的点点滴滴以各种节目形式表现出来。我决定让学生自主报名，因为这一个月的才艺秀展示让我发现，班中有表演天赋的同学还是很多的，他们很有实力。学生都很积极，编排了双簧《我是初中生啦》，通过两个学生的课后交流折射出班级文化的形成过程；相声《反败为胜》则用幽默风趣的形式向大家介绍了小组文化的建设和竞争。班会课中穿插着学生的才艺表演，可谓丰富多彩、精彩纷呈。

“七・彩”文化班主题班会“难忘九月”

主持人：杨昊斓（以下简称“杨”） 刘煜（以下简称“刘”）

时间：2011 年 10 月 14 日

地点：多媒体教室

一、设计背景

七年级的学生刚刚从小学跨进初中的大门，来到一个新学校，来到一个新班级，结识了新朋友和新老师，要学习一些新的课程，一切对他们来说都是新鲜的。经过一个多月的学习生活，学生、老师之间已经有了一些了解，而在这一个多月的时间里，除了学习外，给学生留下印象最深的是班级文化建设和集体活动。开展“难忘九月”主题班会，旨在让学生回顾一个多月的校园生活，发现班级、个人的闪光点，增强班级凝聚力，激发爱班、爱校的热情。

二、活动准备

1. 制作多媒体课件《难忘九月》。

2. 制作视频《欢迎来到幸福（7）班》。

3. 选拔主持人。

4. 设计小品、双簧、哑剧等的剧本。

三、活动过程

杨：各位来宾、老师、同学们，下午好！俗话说“有缘千里来相会”，在2011年8月10日，我们七年级（7）班的50位同学相聚在北环中学，50颗心紧紧相连，共同建立起幸福的班集体，建立了牢固的友谊。在过去一个多月的时间里，大家从陌生到相识，从相识到熟悉，有欢喜、有悲伤，我们快乐、幸福的初中生活正式从这里扬帆起航。下面就让我们一起来看视频《欢迎来到幸福（7）班》，见证这一个多月来我们和班级的共同成长。

（播放视频《欢迎来到幸福（7）班》。）

刘：转眼间，我们便从天真烂漫的小学生成长为懵懵懂懂的初中生。我们用眼睛观察着周围的事物，用耳朵倾听着身旁的声音，用心思索着人生的意义。在这个过程中，大家都有许多的感受，有太多的话语想要倾诉，下面请欣赏双簧《我是初中生啦》。

（学生表演双簧《我是初中生啦》。）

杨：50位同学聚集成坚强团结的（7）班，经过一段时间的相处，相信我们之间已经有了很多的了解。下面我想问一下，能喊出班级里所有同学名字的人请举手！下面考一下大家，我们播放几个同学的照片，看谁能马上认出他们！

（播放学生的照片。）

刘：看来我们七年级（7）班的同学已经成为相亲相爱的一家人了。我想这与我们每天放学前开展的才艺展示活动是分不开的。下面由薛芷怡、钱俊康、王先莉、顾逸琪和我来给大家展示才艺《让你了解我》。

（学生才艺展示《让你了解我》。）

杨：同学们精彩的才艺展示让我们七年级（7）班的每个同学都为之骄傲！其实在这一个多月的时间里，让我们感受最深的就是我们的"七·彩"文化。经过多次讨论，我们有了共同的愿景：让七年级（7）班成为北环中学的一面旗帜，谨守"正德启智、负责、向善"的校训，展现（7）班学子博学多才、气宇轩昂的独特气质，用青春少年的风采激发无限精彩！下面就请我们班的才女姚雯蕙同学给大家演讲《"七·彩"文化诞生记》。

（学生演讲《"七·彩"文化诞生记》。）

刘：经历了风雨才能见彩虹，我们50位同学在思想的碰撞中产生了心灵的共鸣，相信我们在未来的学习中一定会坚守我们的班训，并做到最好！在过去一个多月的时间里，我们班级的四大小组都有了自己的组名和宣言，而且展开了激烈的竞争，各小组的成员在竞争中相互合作、相互督促，彼此之间已有了默契。下面就让我们将时间交给袁伟伟、李肇杰两位同学，让他们带领我们进入"心有灵犀"游戏环节。

（介绍游戏规则，开展游戏。）

杨：心有灵犀一点通，我们要祝贺××小组在"心有灵犀"游戏中获胜，他们的默契度真令人羡慕。在上个月的几次评比中，有一个小组曾两次落后，但他们没有气馁，而是团结一致，共同寻找失败的原因，并决心要在本月的评比中反败为胜，下面就请欣赏相声表演《反败为胜》。

（学生表演相声《反败为胜》。）

刘：让我们给××小组一些热烈的掌声吧！我们在以后的学习生活中，也应该有百折不挠的精神，有向着胜利前进的决心和勇气。在我们幸福美好的学校生活中，老师的爱也给了我们前进的动力，我们会永远铭记在心。下面有请杭俊和施成林两位同学通过诗歌朗诵来表达自己对老师的感激和爱！

（学生朗诵诗歌。）

杨："春蚕到死丝方尽，蜡炬成灰泪始干。"老师是我们成长路上的指明灯，这盏灯指引我们奔向前方。政治老师每周都会让我们写时事评论，培养我们关心时事的意识和分析问题的能力；班主任吕老师在每周三下午的第三节课都会给我们安排"经典阅读"时间，让我们沉浸在书的海洋中。下面我们请两位同学上来读一下他们自己的作品。

（学生朗读优秀作品。）

刘：让我们以这些同学为榜样，不断提升自己的能力。其实在过去的一个多月时间里，学校体育运动节也给我们大家留下了深刻的印象。我们班进行了精心的准备，也取得了不错的成绩。下面有请沈彤、刘可人等同学表演他们根据体育运动节自编的哑剧《活力（7）班》。

［学生表演哑剧《活力（7）班》。］

杨：相信在这一个多月的时间里，我们班还有很多令人难忘的人和事，下面就请现场来宾为我们抽取号码，同学们手中都有一个号码，被抽到的同学来说说最让自己感动的事。

（学生和来宾互动。）

刘：我们的生活是丰富多彩的，有令人开怀大笑的事，也有令人沮丧懊恼的事。为了防止不必要的错误的发生，我们必须从生活中吸取更多的经验教训。下面请大家欣赏小品《生活放大镜》。

（学生表演小品《生活放大镜》。）

杨：正如我们班歌中所提到的"每个人都拥有一个梦，即使彼此不相同，能够与你分享，无论失败成功都会感动”那样，我们（7）班一定会创造出更加辉煌的明天！各位来宾、老师、同学们，让我们在班歌《七彩梦在心中》的优美旋律中结束我们本次班会吧！

（学生齐唱班歌。）

来访的领导和教师都非常欣赏我们这次班会，纷纷表示：“你们的班会来源于学生生活，是真正为学生服务的！”

“七·彩”班级小社团

雷夫老师总能让自己的学生在学习之余得到更多的发展，这也是他最让我敬佩的地方。因为狭隘的功利主义让我们做教师的，尤其是做班主任的总放不下学生的学习成绩，把成绩看得重于一切。但很少有人看清：越是在乎成绩，也许越达不到自己的期望值。我的愿望就是让我的学生真正爱上班级，爱上学习，我要让他们的生活中不仅仅只有学习。

于是，我鼓励学生在班级中成立社团：经典影院、笑掉牙剧社、E—home、舞动青春等，每个社团都会结合本社团学生的兴趣爱好开展各种各样的活动。学生首先要张贴社团海报以吸引更多学生，一张张别出心裁、生动有趣的海报充分体现出学生对社团的喜爱和关注。

各社团还聘请任课教师担任指导老师，看看他们写的聘书，有哪个老师能拒绝呢?

社团招聘启事

本影院属于校营企业，到目前为止为北环中学七年级（7）班“领军行业”，年收入0元，共有企业员工50余名。本影院拥有先进的技术、睿智的工作人员（特别是本影院院长）。为了能够顺利营业，本影院需招一名指导老师来指导我们举办一些活动，丰富同学们的学习生活，以下是招聘要求。

年龄：不限

性别：女

学历要求：不限

能力要求：有一定的教学经验

岗位职责：经常进行指导工作

经验：无要求

性格：外向

由于时间关系，前来者免去面试，直接录取。当然，经过我们的再三考虑，本影院决定，录取本校的吴文超老师为我们影院的指导老师（热烈欢迎）。希望在接下来的一段时间，我们能够一起将影院办好。

希望吴老师同意！

每个社团还会定期开展活动。例如，经典影院社团每周四安排一场电影，并定名为“幸福剧场”。“经典影院”的“员工”还精心制作了电影票，每周给每个班级发三张票，交给班主任。每个班的三张票很抢手，只有表现好的学生才能得到，尤其是得到电影票的三位学生还能免做一次作业，诱惑力真的很大！再如，E－home 社团的成员是一群喜欢英语的学生，他们与英语老师合作举办了“英语卡拉 OK”比赛，当那个长得胖胖的小超同学站在舞台上一展歌喉时，终于找到了失去已久的信心。一学期的时间他们几乎每天坚持排练英语话剧《白雪公主与七个小矮人》，并定期为大家表演精彩、幽默的舞台剧，让人回味无穷。对了，我们班还有一个电台，叫作“七彩电台”，这个电台的主持人由大家轮流来做，每天播报一则新闻，与普通电台不同的是，这则新闻得用英汉双语播出，很有挑战性。为了播好新闻，学生可认真了，查字典、请教老师、练习发音，忙得不亦乐乎。看着学生能在学校找到属于自己的一片天地，我真的很开心。

一年一度的学校艺术节拉开了帷幕，我自然成了最轻松的班主任，因为我只要将报名工作交给社团，之后的事情学生会全全负责。每项比赛中，都有我们班同学的精彩表现，我们舞动青春社团的舞蹈表演获得了很高的评价。这不，体育老师“慧眼识英雄”，看上了我们舞动青春社团的几个好苗子，这些学生立刻便被召入她的旗下，成为她的健美操队的成员，并在江苏省健美操比赛中获得了亚军！当然，最令我高兴的莫过于艺术节的闭幕式暨颁奖典礼了，当校长宣布我们班获得了团体奖时，大家激动地抱在了一起。

他们学会关心自己的班级了

根据前几年的经验，我认为光有社团是不够的，要想让学生真正成为班级的主人，多参与班级建设，还要建立班级事务项目组。于是我班就有了学习加油站、纪律督察局、生活俱乐部、文墨书香苑、活动创意坊、多彩装饰馆、才艺T型台等班级事务项目组。每个项目组都很认真、很负责。

一天放学前，生活俱乐部的顾同学一本正经地对我说：“吕老师，我发现我们班同学每天吃午饭时总是争抢饭盒，这样同学间容易产生矛盾。能不能派专门的同学负责发放饭盒?”“好啊!”我想都没想就回答道，“这正好是你们生活俱乐部的同学发挥作用的最佳时机，你们可以轮流值日管理午饭就餐秩序啊!”顾同学听了非常高兴，并向我保证他们社团一定可以做好这项工作。后来，当我再次问到同学中午拿饭盒的情况如何时，大家一致表示“很好”。但此时吴新宇同学又提出，同学们吃完饭后饭盒摆放太乱，应提醒大家注意。我又顺势给了他们一个任务——提醒每个同学就餐后将饭盒摆放整齐。

虽然是很小的两件事，却让我很高兴。看着学生每天都在成长，每天都在进步，我真的很欣慰。

班级事务项目组从七年级开始就成立了，经过一年的磨合和锻炼，他们自然是能分担我的工作的，到了八年级，我就更加敢放开手脚让学生充分发挥他们的自主管理作用了，而学生也对自己的工作越来越有信心，越来越有计划，越来越主动关心起班级事务来。八年级开学初，多彩装饰馆的小小设计师们就在为新教室的布置出谋划策了！

“七·彩”文化班教室布置方案

设计者：沈彤　陈雨晴

1. 耀眼之星。

从课堂、纪律、作业、品德等方面选出15位表现最佳的同学，并将其照片贴到墙上。

2. 新闻趣事榜。

(1) 第一周主题为“快乐暑假”：贴暑假心得和暑假照片与同学分享。

(2) 之后的主题：让同学轮流剪一些载有新闻趣事的报纸贴在墙上，并附上其他同学的一些评语。

3. 你的创意我来评。

(1) 张贴同学的手抄报，并在旁边附一张白纸，其他同学可自由评论或提意见。

(2) 从中选出最好的10张，张贴在教室外面的墙上。

4. 我的本领我来秀。

(1) 上半面墙放一些同学们做家务的照片，并评选出“小主人”奖。

(2) 下半面墙放一些同学们的优秀练字作品，并评选出“小书法家”奖。

5. 生日祝福吧。

把每月过生日的同学的照片贴到墙上，让同学们用各种不同颜色的卡片送上祝福。当收到大家的心意时，“小寿星”可以在旁边写上感谢的话。

6. 一起比一比。

第一步：擂台赛

(1) 每组选出一名组长。

(2) 依据作业成绩选出最强的两队，进入争霸赛。

(3) 胜出的队可选已经失败了的其中一队，加入自己的队伍，组成新队伍。

第二步：双王争霸

(1) 以月考和期末考成绩为主，作业为辅进行比赛。

(2) 选出成绩最好的一队为“王”。

(3) 胜出的队伍将会得到礼品，输的队伍则要接受惩罚。

7. 手工坊。

(1) 上层放书，供同学们看。

(2) 下层放一些优秀的美工作品，供同学们观赏。

这份设计书也许有些幼稚，也许不是很合理，却充分反映出学生对班级的热爱，展示了学生的规划能力，更让我看到了他们成长的快乐！

第二节　让班级活动触及学生心灵

2012年3月5日至11日，根据教育局的安排，是“生命教育周”，除了讲座、宣传板报之外，每班必须开展一次关于“生命教育”的主题班会，这次的主题是“生命成长，责任担当”。于是，我决定好好利用这次机会，把握教育契机，让学生在活动中感悟，在活动中成长。

一次别开生面的生命教育

说起来容易，做起来难。选择什么样的形式才能真正打动学生，让“生命教育”触及学生的内心深处呢？我一直留意着身边的素材。一次偶然的机会，我在常州电视台的《都市新闻坊》中看到一则报道：溧阳别桥有一对父子，父亲患股骨头坏死疾病，母亲抛弃这对父子离家出走了，父亲靠着微薄的低保与十岁的儿子顾浩相依为命。这个少年过早地承担起照顾整个家的责任……一个想法在我的脑海中闪过，何不好好利用这则新闻，若能带着学生亲赴溧阳看望这对父子，让同学们与“艰苦”和“担当”面对面，同时为这对父子送上我们的爱心，那该多好啊！

于是，我临时召开了一次家长委员会会议，将这个想法与家长委员会成员商议。他们一致同意我的观点，并提出一定要亲自参与这次活动，于是我们在会议上进行了具体的分工。

家长委员会会长祁女士找到电视台打听到了顾浩家的地址，并与顾浩所在村的村主任取得了联系，确定了献爱心活动的时间和路线。当电视台相关人员提出要跟随我们活动组前往溧阳拍摄时，祁女士婉言谢绝了，她说：“我们带孩子献爱心是发自内心的，不需要任何媒体的宣传。”

在奔赴溧阳之前，我们开展了一次晨会进行活动的宣传和动员。由于路途较远，只能选出部分学生代表前往，但不能前去的学生也从家里带来了各种各样的礼物送给顾浩：孩子们亲手折的千纸鹤、课外阅读书、写着鼓励话语的小卡片，等等，大家嘱咐代表们一定要帮他们把礼物带到。

这是一个周日的早晨，三月的天还很冷，刮着大风，“让生命闪闪发光”主题活动却在家长、老师和学生高涨的热情中拉开了帷幕。经过两个多小时的路途，我们终于到了顾浩家，跟顾浩父子聊天后，大家送上了自己的礼物。然后家长和孩子们齐动手，他们决定给这对父子做一顿丰盛的午餐，要给顾浩小朋友做他最爱吃，但长这么大只吃过三次的红烧肉。水井前、灶台边，到处都是忙碌的身影。不一会儿，一顿美味的午餐做好了。可这么多的人，拿什么盛饭呢？顾浩家从来没有来过这么多人呀！还是我们的家长考虑得周到，他们带来了自备的快餐盒。顾浩说，这是一顿最美味的饭！同学们还和顾浩聊起了天，顾浩说他永远不会离开自己的父亲，他要照顾父亲一辈子！很朴实的话语，却打动了在场的所有人。

下午，我们依依不舍地离开了顾浩家。周三下午，我们就此行召开了主题班会“让生命闪闪发光”。

“七·彩”文化班“让生命闪闪发光”主题班会

主持人：杭俊（以下简称“杭”）　姚雯蕙（以下简称“姚”）

活动时间：2012年3月14日

地点：多媒体教室

一、设计背景

“90后”的孩子大都生活在父母的百般呵护和关爱之中，对生命的真谛和价值认识不清，遇到困难与挫折很可能会选择放弃或消极对待，这是一种对生命的不尊重。而生活中除了幸福美满的家庭外，还有很多不幸的家庭需要我们去关心、帮助。“让生命闪闪发光”是以“生命成长，责任担当”为主题的生命教育系列活动，旨在让学生通过走入困难家庭献爱心活动，亲身体验生命的价值，培养勇敢面对挫折的品质和敢于承担责任的精神。

二、活动准备

1. 制作电子相册《生命的诞生》。

2. 制作视频《让生命闪闪发光》(上)——生命真谛。

3. 制作视频《让生命闪闪发光》(中)——责任担当。

4. 制作视频《让生命闪闪发光》(下)——共同成长。

5. 制作视频《爱的祝福》。

6. 查找音乐《懂你》,查找音乐《向日葵》并排练好相关舞蹈。

7. 准备散文朗诵《生命的最后一分钟》。

8. 制作班会 PPT。

三、活动过程

1. 主持人宣布班会开始。

合:各位同学、家长、老师、嘉宾朋友,大家下午好!

杭:我们每个人的生命只有一次。生命的诞生本不容易,生命的成长又何其艰难,生命的周期更是十分短暂。因为不易,山间的竹笋拼命地从土壤里、石缝中往外钻;因为不易,路旁的小草屡遭践踏仍顽强地、不屈地向上长;因为不易,树上的鸣蝉历经地底下四年黑暗的生活,竭尽全力在月光下演绎出一首首美妙的歌曲。

姚:生命因奋斗而精彩,生命因感恩而动人。生命辉煌,因为它展现了我们青春的风采;生命艰难,因为人生的路上难免曲折坎坷。

合:2011 级七年级(7)班主题班会"让生命闪闪发光"现在开始!

2. 体验生命的诞生。

杭:我们的生命是谁赋予的?是我们的父母!所以,我们在感叹美好生命的同时,更要感谢赋予我们生命的父母。

(播放歌曲《懂你》,同时播放电子相册《生命的诞生》。)

杭:今天,我们请来了几位家长,现在就请出我们最最尊敬的爸爸妈妈,(请出家长)让我们给他们深深地鞠上一躬!爸爸妈妈你们辛苦了!

姚:生命如诗,生命如歌,生活中的我们能在父母的关爱和呵护下成长是幸运的，但不是所有的孩子都像我们这般幸福，能享受父母无限的关心和爱。生命不只有美好，也有挫折和坎坷。这是对生命的考验。

3. 寻找生命的真谛。

杭：在我们身边就有这样一对相依为命的父子，父亲丧失了劳动能力，儿子才上小学五年级，而母亲承受不了生活的压力早在儿子一岁多时就弃他们而去了。儿子幼小的肩膀过早地承担起了繁重的家务，父子俩以每月两百多元的低保金支撑着风雨飘摇的家已有十余载，儿子最奢望吃的居然是肉和鸡蛋，而这些只有在过年才能吃到。这是我们在常州电视台《都市新闻坊》看到的一则报道，带着对主人公顾浩小朋友的同情和敬佩，我们班的八个家庭在3月11日奔赴溧阳顾浩的家寻找生命的真谛。

姚：坐了两个多小时的车，我们终于到了顾浩的家，见到了顾浩和他的父亲。或许这就是一种缘分，我们与顾浩父子就像早就认识一样，有一种一见如故的感觉。下面就让我们一起来观看视频《让生命闪闪发光》（上）——生命真谛。

（观看视频。）

杭：多么感人的场面，多么真实的生活，当我们走到顾浩身边时，能感受到他小小的身躯所散发出的无穷力量。为了表示我们对顾浩的关心和祝福，为了让爱心传递，我们为顾浩带去了大家的祝福和我们八个家庭的爱心捐助。

姚：其实，这次活动之所以这么成功，有一个人功不可没。她不仅多次与顾浩的父亲及他们所在的村委会取得联系，以便组织好这次活动，还给顾浩家带去了很多生活用品。最让我们感动的是，她还准备了午饭的材料和所有人的餐具。她就是钱俊康的妈妈祁陆美女士——一个乐观、开朗、温柔、细心的妈妈。下面让我们用热烈的掌声请出祁女士，请她给大家讲讲她的感受。

（家长代表谈体会。）

杭：没有这样的亲身经历，我们这些生活在“蜜罐”里的幸福宠儿又怎能感受到生活的艰辛和生命的价值。下面请参与这次活动的几位同学谈谈他们的体会。

（学生代表谈体会。）

姚：的确，像顾浩家这样不幸的家庭还有很多，但他们却能勇敢面对挫折，坚强不屈地生活。

杭：下面请看舞动青春社团的同学表演的舞蹈《向日葵》。

（舞蹈表演《向日葵》。）

姚：因为路途较远，我们很多同学没能亲自到顾浩小朋友家看望他们父子，但大家的爱心是不受限制的，我们已将大家的祝福和关心送到了顾浩小朋友的心中。下面请看视频《爱的祝福》。

（观看视频。）

4. 强化责任担当。

姚：为了能给顾浩一种家的感觉，家长们齐动手为顾浩做起饭来，而顾浩也很懂事，主动淘米、择菜，从爸爸妈妈的行动中我们感受到了强烈的慈母慈父情，从顾浩的行动中我们又感受到了他的勤劳、朴实。

杭：在这次活动中，因为大家年纪相仿，我们和顾浩交流了很多，也对这对相依为命的父子有了更多的了解。请看视频《让生命闪闪发光》（中）——责任但当。

（观看视频。）

杭：通过视频，我们不难发现，顾浩身上除了有一种坚强不屈、勇敢面对困难的精神外，还有一种品质更值得我们所有人学习——责任与担当。

姚：十岁本应是享受着父母关爱的年纪，但顾浩遭受挫折，用小小的肩膀扛起了这个家。面对挫折，他非但没有低头，反而挺身而出，用自己小小的肩膀撑起一片蓝天！

杭：“90后”的我们个性十足，魅力无限；“90后”的我们热爱学习，享受知识；“90后”的我们勇敢无畏，顶天立地。但是，“90后”的我们可能也缺少了一分责任感，一分对家人、朋友、同学的担当。我们应该思考一下，面对家人，我们该有怎样的担当？面对朋友，我们该有怎样的担当？面对我们共同的班集体，我们该有怎样的担当？

姚：下面请欣赏散文朗诵《生命的最后一分钟》。

（散文朗诵《生命的最后一分钟》。）

5. 共同成长。

杭：一顿美味的午餐很快就做好了，大家已经迫不及待地开始享受了，顾浩说这是他最开心的一天！

（观看视频《让生命闪闪发光》（下）——共同成长。）

杭：这一顿特别温馨、美味的午餐主要出自张弦爸爸之手，让我们用热烈的掌声欢迎张弦的爸爸！

（家长发言。）

杭：其实，通过这短短的相聚，我们已从顾浩身上学到了很多，坚强、懂事、有责任心，因此，在吃完午饭后，有几个同学主动要求洗碗，当然，也有几个男生还是羞于弯下身子干活哦！

姚：“让生命闪闪发光”生命教育主题活动即将落下帷幕，我们在感受生活的酸甜苦辣的同时，更坚定了一份对生命的执着追求，让我们再来听一听顾浩带给我们七年级（7）班全体同学的祝福吧！

（观看视频。）

合：让我们举起手来，一起宣誓——在生命的每一天，无论遇到什么困难，永不放弃！在精彩的人生路上，不忘自己的责任，勇于担当！

吕老师：同学们，看着这一幕幕，我非常感动。我想请大家利用接下来的几分钟时间跟着我一起思考。当我们还在为妈妈的反复唠叨而抱怨时，小顾浩却还没来得及细细品味妈妈的味道；当我们看着一桌饭菜不对自己胃口而生气时，小顾浩还在梦中想着美味的红烧肉；当我们在商场选择品牌服装时，小顾浩穿的还是破旧不堪的裤子；当我们坐在电脑前玩游戏时，小顾浩还在田里干农活；当我们由爸爸妈妈陪着观看电影时，小顾浩却在担忧爸爸的病痛……对于这一切的一切我们应该说声谢谢，感谢我们有着幸福的家庭，感谢我们有着健康的体魄。让我们一起在成长的道路上多一分感恩，多一分尊重，多一分责任，多一分坚强！我还想告诉大家一个好消息，就在我们去顾浩小朋友家的第二天，他的爸爸被接到了常州市的一家医院免费接受治疗，让我们再次用热烈的掌声为这对父子的美好明天鼓掌，让我们再次用热烈的掌声为世界充满爱鼓掌！

合：“让生命闪闪发光”主题班会到此结束！谢谢大家参与。

“七·彩”文化班“让生命闪闪发光”主题班会家长感言

张华平

作为北环中学七年级（7）班家长委员会的一员，3 月 11 日能参加主题为“让生命闪闪发光”的班会活动，我深感荣幸。我首先要感谢吕老师的精心策划，感谢钱俊康家庭的大力支持，是你们的付出，为我们提供了相互了解、增进友谊的机会。

此次班会活动为孩子们营造了一个尊重生命、关爱生命、乐于奉献的良好学习环境。现在，我们的孩子大多自私、懒惰、任性、爱攀比、会享乐，究其原因，不仅在于我们的孩子，还在于我们的社会和家庭。我们的细心呵护，使他们缺乏锻炼，经历的挫折太少。传统的说教可能效果不佳。从现实生活中找到鲜活的教材，让他们耳闻目睹、身临其境，使其心灵受到震撼，才是我们这次活动的目的所在。作为家长委员会的成员，我一定会积极配合七年级（7）班的班级建设，并提供力所能及的帮助。

“七·彩”文化班“让生命闪闪发光”主题班会学生感言

姚雯薏

在我们身边有这样一对相依为命的父子：父亲重病缠身，无劳动能力，母亲嫌贫弃他们而去，儿子才上小学五年级，幼小的肩膀却过早承担起了繁重的家务，父子靠每月两百多元的低保金支撑着风雨飘摇的家。

我们这些宠儿，或许从来就没有想过，在遥远的溧阳别桥，还有一对生活如此艰难的父子。听完他们的故事，同学们都积极加入了帮助小顾浩的行动中。

3月11日早晨，我们班的八个家庭踏上了寻找生命真谛的旅程。经过两个多小时的车程，我们终于到达了目的地——溧阳别桥吴家村顾浩的家。简陋的房屋周围是大片的农田和鱼塘。望着眼前的一切，我仿佛看到了顾浩放学后在田间忙碌的身影。原本以为顾浩会是一个身材瘦弱、沉默寡言的人，但看到他后，我发现自己错了。顾浩是个性格开朗、身体强壮的男孩，他很快就和我们打成了一片。顾浩的父亲虽然行动不便，但很好客，一个劲儿地给我们让座，从顾浩父亲的脸上，我看到了坚强。

接下来，顾浩又带我们参观了他的家和房子后面的农田。顾浩还教我们如何割青菜、辨认什么样的野菜可以吃。对于我们这些“少爷”“小姐”来说，割菜、择菜什么的可谓是一窍不通，但是这些对于顾浩来说是“小菜一碟”。准备完菜后，就要开始做饭啦！这个环节就交给我们亲爱的爸爸妈妈们来完成吧！没过多久，一桌香喷喷的饭菜做好了，大人们坐成一桌，孩子们就端着餐盘在门口吃，虽然站着很累，门口也很冷，但是我们依然吃得很香。吃完饭后，我们又承担起了洗碗的“重任”。

因为路途较远，很多同学没能亲自到顾浩小朋友家看望他们父子，但大家的爱心是不受限制的，我们送去了大家的祝福和关心。美好的时光总是那么短暂，我们依依不舍地离开了顾浩家。

通过这次活动，我明白了许多道理。从顾浩身上，我看到了许多可贵的品质，如坚强、乐观、开朗，同时他又拥有着同龄人没有的成熟，他知道自己的责任，他知道自己必须学会担当。

“90后”的我们身上正缺少这样一种责任感，面对现实生活，我们该有怎样的担当？

让我们举起手来，一起宣誓：在生命的每一天，无论遇到什么困难，永不放弃！在精彩的人生路上，不忘自己的责任，勇于担当！

就在开展主题班会的那天，我们收到了顾浩寄给大家的一封信。顾浩是一个懂得感恩的孩子，他说他将我们带去的所有礼物都整理了一遍，充分感受到大家带给他的爱，他非常感谢我们。

作为这次活动主持人之一的杭俊，还悄悄地送给了顾浩一个新书包，并将自己的500元压岁钱放在了书包中，走的时候，才悄悄告诉了顾浩。对于这件事，杭俊从未在我们面前提起，直到有一次他妈妈到学校来开会时才说出了这件事。我很感动，也很欣慰，我觉得孩子们在这样的活动中体会到了帮助别人的乐趣。

有人说，孩子参加这样的活动当时肯定是挺激动的，但这种激动能保持多久呢？也许通过这样的一次主题活动，确实无法立即改变孩子们身上存在的种种问题，但至少让他们经历了这样一个过程，他们看到的、听到的都是最真实的，这些感动和感悟会留在孩子们的内心深处很久很久，也许是一生。当他们再次遇到困难的时候，或许会想起在溧阳别桥还有那样的一对父子……

一年后的一天，佳雯终于忍不住在家校联系本上悄悄告诉我，她收到了顾浩的来信，顾浩在信中说自己在作文比赛中获得了一等奖，还得到了三百元的奖金，在象棋、围棋比赛中也取得了不错的成绩，还说很喜欢佳雯姐姐送的礼物……原来这一年来佳雯一直在默默与顾浩书信交流，她用自己的实际行动继续关爱着这个给我们带来力量、带来希望的孩子，这让我看到了生命教育主题活动的意义——让爱延续。

她走进了我心里

2013年2月，学校开展慰问贫困学生的活动，我根据平时对学生的一些了解并翻看了学生的家庭资料后，将目光锁定在如如身上，她是一个自信、乐观、勤奋、向上但又有点让人捉摸不透的女孩。她是我们班的数学课代表，又是学校体操队的主力队员，整天乐呵呵的她深得老师和同学的喜爱。在2013年的元旦，学生纷纷在家校联系本上写下他们的新年愿望，如如许下了这样一个愿望：愿妈妈永远不再生病！可过了几天，她又将这句话擦掉了。我很困惑。正好有这样一个机会，我决定走进如如的生活，了解一下她的情况。

沿着一条坑坑洼洼的小路，终于到了如如家租住的那间简陋的屋子。进门就是如如爸爸妈妈的卧室，卧室里只有几件简单的家具。而如如学习、睡觉的房间是由爸爸妈妈的房间隔出的一间小屋，终年不见阳光，读书、写字必须开着台灯。一间小小的满是油渍的厨房，没有卫生间。眼前出现的情景与如如的阳光、可爱、自信太不吻合了！我的眼睛模糊了……

在与如如一家交流的过程中我了解到，如如全家来自安徽省，爸爸妈妈在同一家工厂打工，每个月全家的收入仅两千元左右。为了攒钱，他们只能租住在郊区。可“屋漏偏逢连夜雨”，去年下半年如如的妈妈得了急性脑膜炎，虽然经过治疗病情有所好转，可也暂时性地失去了记忆。这让如如又着急又心疼，她每天除了学习还要照顾妈妈。她给病床前的妈妈写下了一首诗《送给病中的妈妈》。

送给病中的妈妈

您日渐消瘦的背影
终究敌不过无情岁月
病倒在床前
您忘记了一切
只记得“如如”的存在
一声声“如如”的呼喊
早已弄湿了我的眼睛
我下定决心
要帮您恢复记忆
您躺在病床上
日夜想的
不是自己
而是怕拖累我们
您知道
您所想的
压碎了我那稚嫩的心
因为上学的缘故
我不得不暂时离开您
可我每夜的梦里都有您
我梦见您向我微笑
您的微笑

是我一生中
唯一不变的风景
再次见您
您已有好转
可是您的手臂
因为长期打点滴
青一块　紫一块
我真恨自己
不能帮您分担痛楚
您终于出院
每天照顾您
成了我必做的事
再苦再累都不怕
只愿您早日康复
如果我有一笔存款
我只想用这笔钱买一个愿望
愿妈妈不再生病
让您天天
开开心心
快快乐乐

如如的故事让我心酸、让我感动，也让我陷入了深深的思考。对于现在班级中大多数娇生惯养、以自我为中心的独生子女来说，这是多好的一个教育素材啊！2013 年学校生命教育周的主题是“感恩生命，自信成长”，何不以如如的故事作为活动的主线？带着这样的思考，我和几名学生一起设计了这次主题班会“我的生命里——自信渲染生命”。

“七·彩”文化班主题班会“我的生命里——自信渲染生命”

主持人：杭俊（以下简称“杭”） 姚雯蕙（以下简称“姚”） 沈彤（以下简称“沈”）

活动时间：2013年3月21日

一、设计背景

生命教育旨在促进学生认识生命、理解生命、尊重生命、热爱生命、提高生存技能和生命质量。开展“感恩生命，自信成长”的生命主题教育活动，让学生在尊敬父母、热爱生命中养成勇敢、自信、坚强的品格，在活动中形成尊重生命、追求梦想、热爱生活的意识，为学生树立正确的世界观、人生观和价值观奠定基础。本次活动从感人的世界名人拉回到身边的小人物，通过她们简单、真实但又充满挑战的生活经历，让每一个同学都感受到自信成长的意义，让每一个同学都从这些真实的例子中学会如何成为一个自信的人！

二、活动准备

1. 制作视频《风雨哈佛路》《如如的自信笑容》《如如的家》《妈妈眼中的如如》《老师和同学眼中的如如》。

2. 制作PPT课件《我的生命里——自信渲染生命》。

三、活动过程

合：尊敬的老师、亲爱的同学们，大家下午好！

杭：有人说，永远的快乐是源于内心对世界的感激。感恩父母，是他们给了我生命，让我感受到亲情的温暖；感恩老师，是他们给予我知识，让我领略到知识海洋的无穷魅力；感恩同学，是他们给了我最真挚的友谊，让我体会到友情的纯洁；感恩生命，是它让我们感受到人间悲喜、四季变换。

姚：有人说，自信是面对一切最强大的力量。在前进的道路上，不管是满路荆棘，还是山路崎岖、险象环生，永远有一种力量让你有无数的理由重新振作，奋发前进。它，就是自信。

沈：“我的生命里——自信渲染生命”主题班会现在开始。首先，请全体起立，齐唱班歌《七彩梦在心中》。

（齐唱班歌。）

杭：生命里，有多少坎坷，又有多少挑战，自信在等你。我们在成长的道路上，离不开家长的支持、老师的帮助和自己的努力。相信自己，创造奇迹，去迎接生命里的彩虹。让我们一起来聆听来自自信的呼唤。请听诗朗诵《生命里，自信在等待》。

（诗朗诵《生命里，自信在等待》。）

姚：有这样一个女孩，父母吸毒，她 8 岁便开始乞讨，15 岁时母亲去世、父亲进入拘留所，生活的磨难压得她喘不过气来，她曾堕落颓废，但最终还是选择了坚强，用 2 年时间学完了高中课程，并获得奖学金，成为哈佛大学的学生，她就是莉斯，一个在逆境中自信成长的女孩。我们大多数同学都看过这部电影《风雨哈佛路》，今天，在这个特殊的时刻，让我们再次回味一下影片中的精彩片段。

（观看《风雨哈佛路》片段。）

沈：还是那么感人，还是那么催人奋进，让我们现场采访几个同学，听听他们的感受吧！

（学生谈感受。）

杭：正如同学们说到的，莉斯用她的自信开始了她的第二次生命，感悟生活，自信成长！我们曾经失落过，我们曾经痛苦过，我们曾经自信过，谁是自信者，只有自己知道，生活就是如此。下面请大家欣赏小品《谁是自信者》。

（小品表演《谁是自信者》。）

姚：生活中、历史上、故事里这种凭借自信战胜困难的例子还有很多，你们两个能举出一些例子吗（望向杭、沈）？

（杭、沈二人举例。）

沈：别忘了，还有去年“生命教育周”活动中我们去看望的顾浩小朋友，他也是激励我们勇敢、自信的朋友！

姚：要成为一个自信的人，应该具备哪些优秀的品质呢？

（大家众说纷纭。）

杭：是啊，自信的笑容会带给大家无穷的力量，下面就请大家一起来看大屏幕。

（播放视频《如如的自信笑容》。）

沈：如如是我们班的数学课代表，她乐观、开朗，可爱、亲切，从她的脸上我们总能看到快乐和希望。可能大家还不知道，如如的老家在安徽省，父母来常州打工，一家三口靠微薄的工资生活，至今仍住在租赁的房子中，生活十分拮据。但如如展现给我们的是对生活的热爱，对生命的尊重，对未来的美好憧憬。

杭：下面就请出我们今天的“自信天使”——彭如如同学！

姚：如如，在今天这样一个主题班会上，你为我们带来了什么表演呢？是唱歌还是你最拿手的舞蹈表演？

如如：我今天想为大家朗诵一首我自己创作的诗《送给病中的妈妈》。

（诗朗诵《送给病中的妈妈》。）

沈：去年年底，如如的妈妈生病住院了，如如每天在家都挂念着病床上的妈妈，她许下了新年愿望——愿妈妈永远不再生病。这首感人的小诗，寄托着如如对母亲的思念；这份温馨的祝福，表达了如如对母亲的感恩之情！

杭：让我们一起来听听妈妈眼中的如如是怎样的吧！

（播放视频《妈妈眼中的如如》。）

姚：今天我们也把如如的妈妈请到了活动的现场，让我们为这对坚强、乐观的母女送上最热烈的掌声！

沈：是啊，千言万语都在这深情的拥抱中了！

杭：阿姨，您好！在您的眼中，如如是个傻傻的小丫头，那您想不想知道老师和同学眼中的如如是怎样的呢？

（播放视频《老师和同学眼中的如如》。）

姚：我们都应该好好向如如学习，下面有请黄焱桢同学为如如送上颁奖词。

（读颁奖词。）

沈：有梦想、有机会、有奋斗，一切美好的东西都能够创造出来。伤心和思念留在了过去的2012年，在即将到来的2013年，如如又会有怎样的梦想与期待呢？

（如如介绍自己的梦想。）

杭：如如是平凡的，如如的生活是艰苦的，可如如更是幸福的！因为她的乐观、自信让她拥有了温暖的家庭、知心的朋友和美好的未来！在人生的道路上有很多的坎坷等待着我们，就在紧张筹备活动的过程中，我们得知了我们班玲玲的爸爸出车祸的消息，现在玲玲的爸爸还躺在病床上等着做第一次手术，据说手术总共要做三次。如今，家里的负担全部落在了玲玲母亲和她们姐妹三个的身上，姐姐在医院照顾爸爸，玲玲除了每天完成作业外还要帮助妈妈干活，在这里，我们想对你说："玲玲，坚强起来，我们永远支持你、关心你！"

沈：昨天，我们和吕老师一起带着同学和老师们筹集的钱去看望了玲玲的爸爸，玲玲的爸爸很激动，为了感谢并鼓励我们，玲玲的爸爸强撑着录制了一段视频。

（播放视频。）

沈：是啊，生命很珍贵。当我们拥有生命的时候，更应该懂得感恩。我们应该向徐玲玲同学学习，勇敢挑战生活的艰难，用自信成长回报父母的养育之恩。

姚：我相信，因为我有梦想；我相信，因为我有希望；我相信，因为我有目标。自信就源于千千万万个“我相信”。让我们的班会在大家充满希望、充满自信、充满力量的歌声《我相信》中结束吧！

（学生合唱。）

合：“我的生命里——自信渲染生命”主题班会到此结束！

用发生在学生身边的故事作为班会的主题，让学生在真实的情境中获得教育的力量，我想这次班会上的每一幕都足以让学生牢记！

从纠结到纠结的晨会

我们班级中每周的晨会都由学生策划组织，一方面希望学生成为活动的主人，另一方面想让晨会更贴近学生的实际。可是一年多来，晨会的主题、策划、主持总是令人不太满意。通过调查，学生也觉得晨会质量不高。

我反思了晨会的准备过程：提前两天推荐或选出主持人，周五放学前主持人将活动内容告知大家，学生在双休日各自准备。由于学生彼此间缺乏交流沟通，晨会的效果自然不太理想，要么是主持人唱独角戏，要么是学生没有深度的讨论。要改变这种现状，我觉得一学期的晨会要有一个整体规划，然后每周晨会在整体规划的基础上结合特殊情况稍作调整。这样给学生准备的时间会比较充分，学生便能有话可说，进而改变晨会现状。

我抱着试试看的态度，在2013年2月寒假期间召集部分学生制订了一份比较翔实的我班第二学期的班级日历。

“七·彩”文化班 2012—2013 学年度第二学期班级日历

第几周	主要活动
一	1. “走进时光隧道”科技节活动 2. 开学日活动
二	1. 晨会“感恩生活，假期感悟” 2. 确定本学期班级建设优秀项目“生命·感恩·青春——我们和生活有个约定”
三	1. 晨会“雷锋就在我们身边” 2. 班会“鲜花送给您——‘最佳妈妈’评选” 3. 召开家长委员会例会，制订三、四月份活动主题 4. “名生讲坛”
四	1. 晨会“七彩‘糖’秀” 2. “和之美”文化艺术节活动 3. “诗词鉴赏”活动 4. 植树节活动
五	1. 晨会“我们和春天有个约定” 2. 设计“生命教育周”主题活动 3. “名生讲坛”
六	1. 生命教育主题活动 2. “诗词鉴赏”活动 3. 班主任助理风采展示
七	晨会“‘永恒的回忆’——朗诵比赛”
八	晨会“群英会——期中 PK”
九	1. 期中质量检测 2. 召开家长委员会例会，制订五、六月份活动主题
十	1. 晨会“智慧分享” 2. “名生讲坛” 3. 家长会
十一	晨会“我们和青春有个约定”

（续表）

第几周	主要活动
十二	1. 母亲节主题活动 2. 学生风采展示
十三	1. 晨会“感动在我心里” 2. “诗词鉴赏”活动
十四	1. 晨会“理解青春” 2. “班级博客达人秀”
十五	1. 晨会“我的歌声里——励志歌曲卡拉 OK 赛” 2. “名生讲坛”
十六	1. 晨会“父亲是一首歌” 2. “诗词鉴赏”活动
十七	“名生讲坛”
十八	“群英会——期末 PK”
十九	期末检测

开学第一天，当这份翔实的班级日历公布于众时，同学们都惊呆了！

一个学生在家校联系本上写道：“开学第一周就看到了我们班这学期的班级日历，这是老师和同学们共同商议确定的，每周的活动都那么具体，原来有目标、有计划地去做一件事时是那么有底气。老师让大家自主选择感兴趣的晨会来主持，十几次晨会的主持工作被大家一抢而光，我和徐玲玲好不容易才抢到一个，我们一定要好好准备！”

杭俊是个酷爱主持的男孩，但在这学期的晨会主持中他只选到了一次，为此他感到非常遗憾。可他富有创意的活动设计和 PPT 制作水平在班级里是首屈一指的，于是，他成了很多同学的“军师”。杭俊的爸爸在新年参加公司的专业知识讲座时，杭俊为爸爸“量身制作”了 PPT，结果获得了一等奖，公司同事都夸杭俊爸爸 PPT 做得精美。爸爸非常高兴，对杭俊伸出大拇指称赞道：“儿子你真行！”

对于获得某次晨会主持权的学生，在每次活动前要先填写《班会设计表》。以下为“鲜花献给您——‘最佳妈妈’评选”活动的设计表。

“七·彩”文化班班会设计表

活动主题	鲜花献给您——“最佳妈妈”评选
活动目的	让同学们了解母亲对我们的付出，并学会感恩。
设计背景	“三八”妇女节即将到来，我们将鲜花和感恩献给亲爱的妈妈。
活动准备	1. 开展“最佳妈妈”演讲比赛，进行海选。 2. 选定相框。 3. 制作 PPT。
活动时间	3月8日
主持人	杨昊斓　秦梦洁
活动过程	1. 在班级开展“最佳妈妈”演讲，进行海选。 2. 为海选出的八位“最佳妈妈”写颁奖词。 3. 为妈妈们定制温馨相框。 4. 邀请八位妈妈作为本次活动的嘉宾，进行颁奖仪式。 5. 欣赏视频《母亲》。 6. 小游戏：到场的父母和孩子进行“你画我猜”小游戏，考验亲子默契度。 7. 学生代表宣读“最佳妈妈”颁奖词，并为获奖者颁发证书和礼品。 8. 在歌曲《妈妈我很好》中结束。
活动效果	妈妈们在孩子的感恩中度过一个难忘的“三八”妇女节，同学们通过活动增强了感恩之情。
活动反思	活动形式还不够丰富，可再多样一些。在活动期间，由于没有安排好，颁奖时有点混乱，以后一定要做好充分的准备，应该有专门的礼仪组。有些家长在发表获奖感言时较紧张，主持人应适度调节活动气氛。

每次活动后，由七人组成的班会观察团会对本次活动进行简短的点评，如 PPT 制作是否精美、主持人的声音是否响亮、主持人主持时是否落落大方等。另外，班会观察团还会对环节设计、活动形式等方面提出自己的看法和建议。

以前的晨会，学生主持略显勉强、活动形式单一、活动效果欠佳，而现在的晨会，学生精益求精、热情高涨，短短二十分钟的晨会已远远不能满足学生的需求了，这可真是“从纠结到纠结的晨会”。

活动，不一定只是对学生的教育

作为班主任，策划各种班级活动是理所当然的，但在策划活动之前，班主任往往都会想这个活动能给学生带来哪些教育意义，能让学生从活动中明白哪些道理。其实，这样做多少带了点教育的“功利性”。我认为，我们的活动也可以是纯粹地让学生去体验，帮助学生获得平时生活、学习中无法体验到的一些东西。

八年级上学期，我在班级里开展了一项活动，让每个学生给校长写一封推荐信，推荐我们班里的一盆绿色植物，底价50元，看哪个学生写的信最能打动校长，从而获得成功。活动一宣布，学生都兴奋地动笔写起来。

“七·彩”文化班学生写给校长的信

亲爱的校长：

您好！

今天我要向您推销一盆花，这不是一盆普通的花，而是一盆幸运之花，一盆坚强之花。

这盆花是我从一个老人手中买来的，当时老人告诉了我这盆花的来历：台风“海葵”登陆，狂风肆虐，大雨倾盆，人们赶紧去避难，离开时他看了一眼这盆花，以为它马上就会被洪水淹没，便无奈地离开了。台风过后，老人重新回到住所，发现这盆花在经历风雨之后只是掉了几片叶子，并无大碍，这让老人看到了它顽强的生命力，于是决定细心养护它。

不久之后，不知谁把一堆土倒在了这盆花上，老人费力地将土挖开，发现它居然只有几处细微的折痕，这多么让人惊讶！这盆花拥有顽强的生命力，经历了这么多劫难，它却依旧傲然挺立，这不就是我们所应该拥有和具备的人生态度吗？

听完这个故事后，我恳求老人将这盆花送给我。如今，我想把它推荐给校长。我给您个吉祥价：66 元，您赶快行动吧！

获得了这盆花，您定会成为这世上最坚强、最幸运的人！

八年级（7）班　刘煜

尊敬的校长：

您好！

我是八年级（7）班的一名学生，容我耽误您一点时间。

校长，顾名思义就是一校之长，您每天日理万机，拥有一个好的身体是十分重要的。现在，全球污染越来越严重，办公室内没有一盆绿色植物是万万不行的。植物可以进行光合作用，带来新鲜的氧气。当您办公辛苦、眼睛疲劳时，您可以看一眼植物，缓解视疲劳；当您遇到了什么麻烦事或不开心时，看一看绿色植物，心情就会好起来的。

一株植物对人体有这么多的好处，您还在等什么呢？心动不如行动，一盆只要 60 元，我们还将提供一袋营养土和一个小喷壶。赚来的钱我们将全部捐给希望工程，为那些山区里的孩子建一栋宿舍楼，使他们每天不用再走那么远的山路。校长，您买我们一盆花，就是奉献一份爱，这是多么有意义的活动。

别看小小一盆栽
保护地球全靠它
今日只卖六十元
校长您还不快买
买盆放在办公室

幸福生活每一天
售后服务多体贴
人人见了笑开颜

八年级（7）班　施成林

也许你会觉得同学们的这些信有些幼稚，可他们在这样的活动中经历了失败和成功，对人生有了更深一层的体验。

第三节　老师，要走进学生心灵

作为一个母亲，对于自己孩子的教育我想了很多，而作为全班五十名学生的班主任，为了学生的成长我也想了很多。班级里的这些学生，有的乖巧，有的调皮，有的任性，有的内向。在这些学生的背后，也有一些特殊的家庭，在了解他们的过程中，我深深地认识到，只有走进学生的心灵深处，才能真正地去爱、去关心他们，才能为他们健康快乐的成长确定正确的方向。

我要招聘班主任助理了

培养优秀学生是每个班主任都很重视的事。“七·彩”文化班中有很多学生的学习积极性很高，但参与班级建设的意识却不强。为了提升这些优秀学生的能力，促进他们的全面发展，同时使之能更多地为我这个班主任分担事务，我决定在班中“招兵买马”，招募一名班主任助理。

在我做了充分的宣传和动员工作后，学生纷纷递交了竞聘书。

“七·彩”文化班班主任助理竞聘书

亲爱的吕老师：

您好！

我是来竞聘班主任助理这个职位的，我知道在这个班级里我不是成绩最好的，我知道我身上有很多不足之处，但我想借这个机会让自己得到锻炼。

也许我不是最好的，但我会努力让自己变得更好；也许我能力不够，但我会在工作中尽力提升自己；也许我无法让所有的同学信服于我，但我一定会竭尽所能去帮助每一位需要帮助的同学。我知道，如果我成为班主任助理，就会有很多事情等着我去做，我会很忙，但“吃得苦中苦，方为人上人”，我想成为一个有用的人，所以绝对不会喊累！

也有可能老师您觉得我不是最合适的人选，但没有关系，因为我努力了。我不会因此而气馁，我会抓住每一个机会去锻炼自己，努力让您看到我的成长。

学生：薛芷怡

敬爱的吕老师：

您好！

我知道您最近想聘请一位同学当您的助理，帮助您处理一些班级事务。我想应聘这个职位，理由如下。

在小学里我就是“智囊团”的一员，对班主任助理这一职位有一定的了解，做过一些相关“工作”。

我有信心且有能力担任此职务。

我的人缘很好，不会被孤立，因此比较容易成为班级核心人物。我做事认真负责，会努力做好每一件事。我很乐意帮助您做一些力所能及的事，我愿意为大家服务。我相信我能胜任这一职位！

另外，我还想通过此职务锻炼自己。

长大后，我们一定会踏上工作岗位，所以我要从小就锻炼自己的能力。此外，担任此职务后，我又多了一项“工作”，这样能锻炼我合理安排时间的能力和办事的能力等。

学生：吴昕辰

要从这些优秀的学生中选出班主任助理对我来说是个难题，手心是肉，手背也是肉，真的无法割舍，于是，我灵机一动，成立了一个“智囊团”，多一个人多一分力。从此，我再也不愁因遇到特殊情况而不能在学校管理班级事务了，因为我的助理们个个都很能干，组织班级小结、组织放学，等等，都做得井井有条。

我想当班历的封面人物

有压力才有动力，所以要给予学生一定的压力，以促使他们更快地成长。对学优生要“宣传包装”，这样才能发挥他们的榜样作用，提高他们在学生中的威信。对学困生要鼓励、表扬，激发他们的斗志。

我们班级每年都会制作一份班级挂历（以下简称“班历”），在2012年的班历中，我们加入了班级活动中的一些精彩照片，并配上学生原创的“名言”，颇有意思。班历挂在教室里，很是吸引大家的目光。在2013年的班历策划讨论活动中，我们经过讨论决定在这一年的班历中不仅要放上班级活动的照片，还要在每个月的挂历上推出一个封面人物，封面人物需要各个小组推荐和竞选。消息发布出去后，学生都很雀跃，都想成为封面人物，并写了自荐书。由于自荐或推荐的学生人数太多，我们决定先在小组中进行海选，将海选出的学生的事迹张贴在黑板上，再由全班同学和任课教师投票选出自己认为最合适的人。几轮过后，十二位封面人物诞生了，这成为（7）班学生在2013年度新年伊始最引以为豪的事。我们还准备在这一年的班历上呈现大家2013年的梦想。

“七·彩”文化班班级挂历

“七·彩”文化班学生新年梦想

我希望在2013年可以得到一张我们班的全家福照片。——何雯莉

每个节日都和（7）班所有成员一起度过。——姚雯薏

我希望能在2013年去溧阳看望顾浩小朋友。——吴佳雯

寒假和父母一起去哈尔滨或北京游玩，或者暑假全家去海南玩。——刘潇

得到一本附有所有任课老师及同学照片及签名的本子。——徐玲玲

我想在元旦活动中看到老师的表演。——冯宇昕

我想要一个高达三国传模型。——张弦

希望妈妈永远不再生病。——彭如如

希望作为足球教练给全班男生上一堂足球课。——李肇杰

走近他们才能爱他们

每个班级都会出现一些问题学生，我身边出现的问题学生有这样几类：学习基础差的，家庭情况复杂的，性格怪僻的。面对这些学生，我能做的就只有走近他们，这样才能更好地爱他们。学会倾听，有共同的秘密，让他们更加信任我，我就是他们最知心的朋友。

小云在单亲家庭长大，学习习惯差、学习成绩差，不喜欢做作业，上课不是睡觉就是看漫画，于是我找了个机会与她面对面进行交谈。

我试探性地问及她的家庭，她却很坦然地告诉我她的父母离异，她现在跟着爸爸一起生活，但爸爸又给她找了个新妈妈。我猜想她的新妈妈对她可能不好，但没等我问及这个问题，她就主动地告诉我："新妈妈对我很好，但我就是不喜欢她！"我一下子愣住了。这里面的"不喜欢"包含的是什么呢？"因为她有一个儿子，非常优秀，她老是让我向他学习！"这就是原因！生长在这样一个反差很大的环境中，她得到的挫败感远远超过爱和关心，这是一种畸形的爱，使她总感到一种不平等！

我终于理解了她对学习的那种无所谓，因为生活让她看不到希望。我想，此时我对她说什么都是多余的，可能现在的她需要的更多的是倾听。于是，我成了她的忠实听众，当然，在适当的时候我也会给她一些好的建议。

在一次次的交流中，我感受到了她对母爱的渴望，于是我找来她的亲生母亲。看到小云糟糕的学习现状，这位母亲掉下了眼泪，她决心用自己的爱帮助小云纠正这些坏习惯。现在小云已经和亲生母亲一起生活快一年了，学习习惯也有了很大的改进。

通过活动打动学生心灵也不失为一个好方法，来听听小可的故事吧！

"来吧，把你的所作所为跟你的班主任说一说！"课间我们班的数学老师非常生气地冲进办公室，我预感到班级中有人出了问题。果然，跟着她走进办公室的是我们班的小可同学，她的脸涨得通红，眼眶里已经满是泪水。看到她这个样子，我既惊讶又似乎觉得有些正常，因为这几天我发现她经常神情恍惚，上课时无法集中精神。也许因为心里有了这样的一点准备，我反倒不着急了。我跟数学老师简单说了几句便把小可带到了学校的谈话室。

我把发言权给了小可，她很坦诚地交代了自己的行为：连续三天没有完成数学作业已是一个很大的错误，居然还偷偷将其他同学的作业本拿来改成自己的名字，这种行为被老师发现了……

我按捺不住心中的愤怒，狠狠地批评了她，并让她回去写好反思后让家长签字。她保证自己以后不再犯类似的错误。

本以为这样的批评和教育能使她改正错误，给这件事画上句号，因为在这之前她留给我的印象非常好——乖巧伶俐、关心集体。但万万没想到的是，第二天她没来上学，我打电话到她家时是她爸爸接的，她爸爸已经知道了这件事情，只是说她今天身体不舒服不能来学校了，并表示一定会好好教育她。我猜想她可能是怕同学和老师对她有看法所以不敢来学校了，于是就同意让她休息一天。可是第三天，我走进教室后仍未发现她的身影，我心里有些忐忑了。难道真的生病了吗？我再次拨通她家的电话，她爸爸在电话里跟我讲了很多关于教育孩子的问题，可就是没有涉及小可问题的本质，最后以小可身体不舒服需要再请假一天结束了谈话。可我越来越担心小可，因为在事情发生的前几天我已隐约感觉到她遇到了点问题。

第四天一大早，一个年龄与我相仿的女人来到办公室，呜咽着对我说："吕老师，小可不肯来学校了！求求你，帮帮我吧！我什么都没有了，只剩下这个孩子，她是我唯一的希望啊……"我顿时有点慌了手脚，因为在这之前我一直与小可爸爸通电话，他镇定自若的表达让我对小可的家庭教育很有信心，没想到今天会突然遇到这样的局面。

我请她坐下慢慢说。原来，小可的父母离异，小可本来是由父亲抚养的，可小可妈妈舍不得女儿，担心女孩子跟着爸爸得不到很好的照顾，又由于自己是外地人，在这里没有亲人、没有房子，所以夫妻俩达成协议，小可的妈妈暂时居住在小可奶奶家，同时照顾小可的生活。小可的爸爸没有稳定工作，小可的生活费全靠妈妈提供，所以妈妈每天做两份工作，要到晚上九点多才能回家，而从小可放学回家到妈妈下班回家这段时间正好是小可学习的时间，却没人关注、督促她的学习。在这种特殊的环境下，随着年龄的增长，小可逐渐感到一种无奈、无助和迷茫，渐渐对学习失去了信心。因家庭原因导致孩子堕落的例子实在太多了！我突然感觉到身上的责任和压力，暗暗对自己说："一定要帮助小可回到我们的集体中来！"

我让小可的妈妈把小可带到了学校，我与小可进行了深入的交谈，她也把自己的心里话告诉了我，但还是没有勇气走进教室，怕同学会看不起她，因为她觉得自己的行为很可耻。我鼓励她说："谁没有犯错误的时候呢？重要的是敢于承认错误，并勇敢地站起来！"我又给她举了很多例子，但她还是有些紧张。最后，她提出一个要求，希望我能陪她一起进教室。我陪她进了教室，并告诉同学们小可这两天身体不舒服，让大家多多关心她。接下来几天，小可虽然每天都准时来上学，可精神还是有些萎靡，我知道她的心结还没有解开。

今年的 5 月 13 日是"母亲节"，我利用"五一"假期给班级中每个同学的妈妈布置了作业：写出自己诞下小生命的过程。小可的妈妈写得最好、最感人，因为她的经历最特殊。这也让我对这位母亲有了更深的了解。由于小可爸爸家里反对他们的婚事，所以婚后他们一直在外租房子住。小可爸爸好不容易在外地找到一份工作，所以在小可出生的当天，是她妈妈一个人去医院待产的，当时还面临难产。小可的妈妈很感谢上天赐给她这样一个用她的血和泪换来的小天使！这是一段多么真实而又感人的故事，如果能在主题班会上讲述给大家听，我觉得一定会收到很好的效果。

我将自己的想法与小可的妈妈进行了沟通，没想到她立即答应了。于是在接下来开展的"为妈妈喝彩"——母亲节感恩活动中，小可妈妈的真情讲述赢得了全场同学、老师和家长的掌声。而坐在下面的小可更是泪流满面。这时，掩藏在她心灵深处的怨恨、失落已全部被这伟大的母爱融化了！母爱为小可紧闭的心灵打开了一扇窗！

从此，懂事乖巧的小可又回到了我们中间，她写给我这样一段话：

在妈妈讲述小生命诞生的故事时，我哭了。听到妈妈讲述把我生下来时的痛苦和艰难，我才发现自己的所作所为是多么的幼稚，我深深地伤害了妈妈，也伤害了所有爱我的人。妈妈历经千辛万苦把我生下来，对我充满了希望，但我却一味地让妈妈失望，让妈妈伤心，真是不应该，我会好好学习，报答妈妈……

爱有三种层次：一是简单的奉献和给予，二是帮助对方获得成功，三是让对方获得心灵的成长。我希望能通过各种各样的活动让孩子的心灵得到成长！

我相信每一个孩子都能取得成功。用耐心静静守候他们的成长，正是在这个浮躁的现实生活中很难做到但必须做到的事。“相信每一个孩子都能取得成功”这句话说起来是何等容易，但做起来又是何等的艰难！

小俊是这个班中第一个进入我视线的男孩子，在暑期新生夏令营的时候，他介绍说自己在小学就多次担当学校各种活动的主持人。在我的大力推荐下，他成为学校的一名主持人，每周负责主持“升旗仪式”，同时担当各种大型活动的主持工作。时间久了，小俊还颇有点“名人”风范，也有了一群忠实的“粉丝”，自然就有些飘飘然了。一天，英语老师向我投诉，小俊没做作业；数学老师告诉我，小俊忘带数学作业了，而且这已经不是第一次了。

于是，我找来小俊，第一次与他深谈。在和小俊的聊天中我了解了他的情况：他很喜欢朗读，很喜欢做主持人，经常在网上看一些综艺类的节目，想象自己就是节目中的主持人，时间长了，便迷恋上了玩电脑，觉得学习很无趣了。

小俊的妈妈知道这个情况后很生气，来学校狠狠地批评了小俊，并要小俊当着老师的面立下“保证”，保证以后好好学习。可看着小俊那倔强的表情，我知道他并没有接受老师和家长的批评。我做好了打持久战的准备。

暂时冷落了小俊一段时间后，我悄悄地在家校联系本上写下这样一段话："小俊，我很欣赏你在舞台上的洒脱和机智，很欣赏你的文笔和才气，下周我们的班会需要一个有经验的主持人调动现场气氛，想来想去觉得你最适合，但不知你有没有兴趣?"

不出所料，小俊欣然答应了。于是我把他找来商量活动的细节。"小俊，喜欢做主持人吧?"我问道。"嗯，吕老师，我可喜欢了！我每次站在台上，都特别自信！我能感受到大家羡慕的眼神，我能感受到大家欣赏的目光，我的思绪就像打开闸的水流奔腾不止。"小俊认真地对我说。我认真地听完他说的每一个字，笑着说："你是班级中第一个有自己远大理想的同学，我很欣赏你。但是你知道主持人怎样才能具备更良好的素质和更全面的能力吗?"我看小俊有些茫然，赶紧趁热打铁说道，"主持人还需要用文化知识武装自己，学外语、练口才、培养思维能力，样样都不能少啊！知道赫赫有名的中国传媒大学吗？很多著名主持人都来自那所学校。老师希望你能把目光放得远一点!"一番发自内心的话终于触动了小俊的内心，他真诚地点了点头。

此后，小俊更热衷于主持和文学创作了。每次班会他都抢着组织，独到的设计、精美的背景、完美的细节处理，处处显现出他的成长和进步。在班级博客中，他更是一发不可收拾，上传了一篇篇佳作，让大家赞不绝口。有了明确的目标后，他开始注意自己各方面的发展，学习自然不用老师和家长操心了。

"爱情向左我向右"

年近四十，作为班主任我很担心与学生之间的代沟会越来越深。为了与学生走得更近，我第一次通过 QQ 和全班同学建立了联系。

有一天，让我烦心的事出现了。在我们班级的 QQ 群里传开了一件事：学生逸和斌谈恋爱了！这个消息很突然，让我有点措手不及。

虽然以往的班级里也有学生出现过谈恋爱的问题，但那些学生都不敢公开，一旦老师点拨到当事人，他们就会收敛。可这次的事情不太好处理，我没想到现在的孩子这么大胆，敢明目张胆谈恋爱。

考虑到女孩子自尊心更强一些，我找来了男生斌："知道吕老师找你什么事吗?""知道，我谈恋爱了!"他不慌不忙地说。我反倒一下子愣住了，这么直截了当?"你看你才多大年纪？懂什么是爱吗？你知道你喜欢她什么吗?"我硬着头皮问道。"我懂！老师您能不能说说您为什么喜欢您的老公啊?"他也太猖狂了吧！"你怎么这么问我啊?""您不是我的老师吗？您应该教教我啊!"斌一本正经地说。是啊，怎么能怪孩子呢？父母离异，虽然跟着爸爸生活，但爸爸并不管他。妈妈很关心他，可因为没有在一起生活，也只是一味地满足他的要求，使得他做什么事情都凭个人意愿。而逸与他有着同样的生活经历，两人在QQ上你一言我一句，聊到了共同的话题，自然产生了惺惺相惜的所谓的"感情"，这就是他们的爱的理由吧。

我想此时再多的劝说也是徒劳，不如站在他们的立场给他们提供帮助，可能他们更能接受。于是，我分别找到两个孩子，让他们找对方的优点，通过他们的回答，让他们彼此感受到所谓的对方的优点大多只是一些可有可无的东西。例如，懂得关心他人、热心、脾气好。之后我又让他们找出对方的缺点，这次我让他们使劲地找，我还时不时给些提示："有没有责任心啊?""有上进心吗?""有吃苦的决心吗?"他们被我问得有点哑口无言了，我顺势提出这就是老师的择偶标准。他们的内心有了一点波动，但我知道这远远不足以阻止这段"感情"。

在以后的日子里，我没有刻意再提及他们俩的事情，更不想将其作为典型在教室里谈论。也许是我对此事的"大度"让学生产生了误会，没过多久，暗地里还有一些学生也开始谈恋爱了。其实，他们所谓的爱纯粹出于对一些优秀女生或男生的好感而已。

我决定在班级里组织一次相关的主题班会。经过讨论，我们将这次班会的主题定为“爱情向左我向右”。主题班会由学生设计，源于生活的小品、相声、朗诵，来自家长的真情告白，来自老师的理性分析，来自好友的真诚提醒等打动了现场所有人的心，活动开展得很顺利，也很有感染力。在这次班会上，我表达了自己对“早恋”的看法：“这是一种正常的生理、心理反应，也说明我们班的同学非常团结，非常友爱。我鼓励男女同学之间的正常交往，也希望看到大家公开地交往。”我认为，作为一名教师，一个学生信任的班主任，在学生早恋的问题上应该给予的是帮助和引导，而不仅仅是教育。

之后，我们又开展了“什么样的女生最美”和“什么样的男生更帅”的主题晨会，通过这些有针对性的活动，让学生更清晰地认识“欣赏”与“爱慕”的区别，让学生懂得什么才是真正的尊重。慢慢地，男女同学之间能够处理好彼此的关系了，对此，我感到很欣慰。

第四节　一份特别的礼物

我们一生中会收到很多礼物，贺卡、鲜花、掌声、祝福……而在做班主任的这几年，家长的支持、学生的拥护就是我收到的最好的礼物。我只有以更加努力的工作，以及引领学生健康成长为礼物来回报他们的信任与支持。

有了前几年的经验，我认为在班级里成立家长委员会是很有必要的，于是在“七·彩”文化班七年级第一次开家长会的时候，我就邀请了上届家长委员会的会长刘女士对其他家长作动员。刘女士真诚而具感染力的演讲引起了所有家长的共鸣。最后，几乎所有的家长都积极投入到我们的竞聘活动中来，一份份竞聘书饱含激情，给了我很大的动力。

家长的支持是教师最好的礼物

“吕老师，我是张××的爸爸。”电话里传来一个不太熟悉的声音。“您好！您有事吗？”我忙问。“听我们家张××说，明天你们班就要公开选举家长委员会委员了，我们家张××说了‘老爸，您不会得零票的，我一定会投你一票’。吕老师，虽然我现在能力还不行，但我相信通过锻炼我一定能够做得很好，努力为班级服务。”噢，原来是想“走后门”。

在家长委员会成立后，一大早，潘小锋的爸爸和妈妈便来办公室找我：“吕老师，我们家小锋想送班级一个生态鱼缸，养一些热带鱼。这次我当选为家长委员会委员都是同学们对我的信任，这个鱼缸就算我们送给同学们的见面礼吧！”从此，这个伴随着我们成长的鱼缸成了我和学生的最爱。

学校又要举办体育节活动了，今年的主题是“民族风”，经过大家讨论，班级准备在民族服饰上下功夫。可是民族服饰到哪儿去找呢？买和租的费用都太高了，也不能充分体现学生的参与性。自己制作难度又太大，我陷入了苦苦的思索中……

通过调查，我了解到班上有几个家长会缝纫，这个问题解决了，可服装料子到哪里去找呢？这时我想到了班级家长委员会，不如向他们求救吧！果然，一个简短的家长委员会例会，便使一切问题迎刃而解了。康康的妈妈去布料店采购了很多边角料，小弦的爸爸找来自己的邻居阿姨参照图片设计了女孩穿的傣族服装和男孩穿的新疆服装，会缝纫的几位家长负责缝纫，学生则利用自己在校本课上学的手工技能制作了富有特色的帽子，我从家中找来各色珠片与女生一起将珠片缝制到衣服上。学生、家长、老师齐动手，一件件带有浓郁民族风情的服装终于完成了，同学们穿着自己缝制的衣服，伴随着民族音乐，跳起了欢快的舞蹈，成为体育节中一道亮丽的风景线。

“你知道世界上第一台照相机是哪个国家发明的吗?”“法国!”“恭喜你，答对了！送你一个小奖品!”“你知道……”

一个周三的下午，北环中学的多媒体教室，气氛非常活跃，这里正上着一节特殊的课，八年级（7）班家长委员会委员薛先生请来的今日信和 EOS 摄影俱乐部的刘老师正在给同学和老师们讲解单反照相机的入门知识。浅显易懂的讲解、激发兴趣的互动、专业详细的答疑，使每个听课的同学和老师都收获颇多。在这里，同学们学到了课堂之外的知识，了解了照相机的成像原理，学会了简单的取景和构图，体会了“黄金分割”的魅力。

45 分钟很快过去了，同学们正听得意犹未尽时，刘老师的单反摄影知识入门课在一阵热烈的掌声中结束了。大家表示很喜欢这种与生活贴近的课程，要让这样的课程更多地走进学校、走近学生，我们期待着下次的精彩!

家长委员会永远是我最坚强的后盾

2013 年 3 月 5 日，八年级（7）班家长委员会例会如期召开，在会议中，我向家长委员会委员公开了这一学期的工作计划，也征求了家长代表们的意见。会议上，家长委员会委员们对班级工作计划中的两个活动提出了建议。

会长祁女士提出，植树节活动是个很好的创意，应该让孩子们亲身体验。薛先生对“诗词鉴赏”这一特殊形式的亲子活动很感兴趣，愿意率先尝试。

3月12日便是植树节，会后，祁女士立即投入植树节活动的筹备中。让我意想不到的是，为了获得小树苗，祁女士去苗场当了一天的义工，为学生换来了树苗。她说这样比花钱买的更有意义！学生通过这次活动提升了保护花草树木的责任感，增强了爱护树木的意识。不少同学都在活动后写下了活动感言。

种下一抹绿色的希望

吴昕辰　陈雨晴

在地球环境遭到严重破坏的今天，沙尘暴、雾霾等影响了人们的正常生活，而树木是地球的肺，如果每个人都能保护树木，就能为我们的生活添一分绿色！保护树木就是保护地球，就是保护我们人类！

2013年3月12日是一个值得纪念的日子。我们八年级（3）班、（6）班、（7）班的同学和老师一起，在校园里种下了充满希望的树苗。我们精心挑选了地点，亲手挖坑、栽种、浇水。看着坑一点一点被挖大、挖深，我们期待小树苗能在这儿幸福地安家；看着土壤一点一点掩盖住树苗的根，我们期待小树苗茁壮成长；看着同学的手一捧一捧掬水浇灌，我们期待我们的青春能像小树苗一样充满朝气和活力。我们对着风中摇曳的小树苗许下了青春的愿望，我们期待……

我们相信，在我们无微不至的呵护下，栀子花会开出最芬芳、最洁白的花朵，红叶石楠会长出最鲜艳、最亮丽的叶子。等到若干年后，我们圆了自己的青春梦，再回到校园，看望我们曾经的、永远的朋友，与它共同见证绿色的希望！

植树节活动结束后，紧跟着是“诗词鉴赏”活动。对于“诗词鉴赏”活动，家长们全都努力配合着。

家长和孩子一起精心准备，向同学们推荐一首诗或词。每次活动都有两组家庭现场PK。让我感到惊讶的是家长和学生真可谓动足了脑筋，以音、视、画等各种形式全方位地介绍一首诗词的作者、创作背景、诗词大意以及个人对诗词的理解等。从“诗词鉴赏”活动中，学生认识了夜光杯、寒食节等。张弦父子打破了使用PPT进行介绍的常规模式，改由张弦的爸爸秀粉笔字，张弦适时张贴图片。父子图文并茂的讲解吸引了大家的目光。杭俊家庭的一首《清明》更是将活动推向了高潮，由其弟弟稚嫩的朗诵开始，杭俊则配合爸爸进行讲解，近半小时的讲解，体现了杭俊爸爸深厚的文化底蕴，父子默契的互动展示了浓浓的亲情。每次活动后的学生点评和现场打分更是增强了活动的紧张气氛，零点几的微弱分差让PK赛一次比一次紧张。在这样的活动中学生和家长的能力都得到了提升，也使所有学生都增加了诗词方面的积累，真是一举多得。

让读书成为一种习惯

从七年级第一学期起，我就坚持每周三的下午给学生留出一节课的“经典阅读”时间，在这段时间里，学生可以任意选择一本自己喜欢的文学作品进行阅读，并写出读后感，张贴在教室后面墙壁上的“读书驿站”中。这样一来，同学们往往会就一本书展示出很多读后感，为其他想要阅读这本书的学生提供了参考。

渐渐地，学生写的读后感越来越多……

《中华上下五千年》读后感

薛芷怡

有这样一本书，它诉说了中华大地五千年的文明；有这样一本书，里面的一个个故事，使人仿佛置身于历史的长河中，感受着时代的变迁。这就是《中华上下五千年》。

我从这本书中，看到了盘古开天、商纣王杀比干、秦始皇吞并六国、黄巾起义，等等，了解到了中国古代文明的绚烂、中华文化的源远流长、中华历史长河的风云变迁。《中华上下五千年》中人物众多，有弯弓射雕的成吉思汗、精忠报国的岳飞、忠臣良将狄青、诗仙李白、诗圣杜甫，还有诗鬼李贺。这些人物有的胸怀大志、成就大业；有的胸襟开阔，面对奸佞之臣的诬陷，能够一笑置之，视若等闲。

我最敬佩的人物是项羽。当他中了韩信的埋伏，陷入汉军的重重包围时，并没有慌张，而是跨上战马，率领八百骑兵，趁着夜色突出重围，向南奔去。项羽跑到阴陵时迷了路，误闯入一大片沼泽之中，很快就被汉军追上了。项羽率领骑兵与汉军展开血战，汉军看到项羽这么勇猛，一时不敢逼近，只能远远地叫嚷喊杀。后来项羽和骑兵们跑到乌江边，在前无进路，后有追兵的情况下，与汉军在乌江边展开了最后的血战。项羽在杀了数百名汉兵之后，自己身上也受了十几处的伤，他自感无颜面对江东父老，便在乌江边拔剑自刎了。项羽为人虽勇武粗豪，但却骄傲自大、缺乏智谋，所以才会被围攻。但他最后在乌江边自刎，也体现出了他宁死不屈、知耻重义的高贵品格和英雄气概，所以我很敬佩他。

《中华上下五千年》中的一个个鲜活的人物使我明白了该如何做人。做人要胸怀大志、明辨是非；要坚持不懈，不畏困难；要公正无私、清清白白，面对邪恶不胆怯。

文章多了之后，教室后面的墙壁便贴不下了，有同学提出："吕老师，不如我们建立一个读书博客[①]吧，把同学们的好文章传上去，供大家分享。"这个主意不错！于是，我们的班级博客成立了，学生的文章一篇篇地传上了博客。大家还说要在博客上进行作文 PK，于是一

---

① http：//bhzxinran.blog.163.com/manage/＃m＝0&t＝0

场没有硝烟的“战争”开始了。

“七·彩”文化班学生作文PK

我的财富

杭俊

江湖传言，我国到处刀光剑影，都只为能争得“财富”宝卷。据“百度寺”放出的消息，物质上能满足人的各种生产、生活需要的物品就是财富。据“谷歌殿”放出的消息，精神上能使人产生愉悦和舒畅的也是财富。

我叫杭俊，作为一名侠士已经踏上了寻找“财富”宝卷的征程。历经千辛万苦，九九八十一难，终于取得宝卷，打开一看，两个大字呈现眼前——友情。

啊？友情？这算什么财富呀？友情多少钱一斤呀？之后，我却感受到了友情的伟大力量与重要性。

七年级下学期时，我右腿烫伤了。由于药味太重，那段时间我变得沉默寡言，不愿意与其他同学交流，可同学们却对我很关心。每次我要出去走动走动，呼吸呼吸新鲜空气时，便会有同学来搀扶我。无论我做什么事，同学们都会伸出援助之手，帮我解决困难。我感受到了友情的可贵。

升入八年级后，同学们的价值观、交友观都有了改变。人长大了，人际关系反而变复杂了。有一次学校要求交钱，到学校后我才发现自己忘带了。这使我感到紧张不安。同学们会不会因为我没交钱而笑话我？怎么办？不如找人借钱。可同学们会借钱给我吗？试试吧！于是我开始向附近的同学借钱。可由于要交的钱比较多，大家都没那么多，怎么办呢？有同学提议：凑钱。于是班里的同学把自己身上的钱都给了我。我再一次感受到友情的可贵。

武林盟主今天发布消息，大家争的头破血流的“财富”宝卷便是——友情。正是因为友情，才使我度过了难关。请珍爱友情，珍惜朋友！

我的财富

李肇杰

谈到“我的财富”这个话题，我不禁想到从小学生惯用作文题材入手。

某班有攀比现象，其班主任进行教育：“请问大家，我们班谁最富有？”一名同学说：“××最富有，他家很有钱！”另一名同学说：“班长最富有，因为他成绩好。”又一同学说：“×××最富，因为他乐于助人。”班主任总结：“是呀！……”意味深长。

我在小学时把它当成范文，也曾想入非非：某天某同学对我说，我最富有，因为我学习好，足球踢得好，受大家欢迎……若干年后，我长大了，思想变了，感情变了，唯一不变的只是那些看似深奥其实简单的道理。

小学时，我成绩平平。久而久之，我的“壮志凌云”便被时间风化了，因现实而妥协了。我曾一度有些自卑，甚至开始慢慢疏远同学，将同学当成敌人。

到了中学，我检到了一笔财富，那就是自信。我慢慢有了足够的自信，能与同学融洽相处了，还成了班里的足球高手。

这笔财富胜于金钱，因为它是金钱所不能买到的。这类财富永远是最珍贵的，它绝对不会贬值。

一年多下来，同学们读到了很多的优秀读物，他们建议在班级中以小组为单位开展“读书擂台”，由一个小组发出挑战，在指定书目中提出十个问题，另一个小组回答，以答对题多者为胜。为此，学生更爱读书了。

让读书成为每个学生的习惯，不是语文教师的我也做到了。

拔河比赛中的坚持让我感动

一个班级的凝聚力是在一次次的集体活动中形成的，有了凝聚力的我们就像一股绳，谁都不能将我们斩断。

这个星期最令我们班级振奋的事情就是冬季拔河比赛，第一场比赛，我班男女生双双获胜，这让我们信心大增。如果赢了半决赛我们就可以挺进决赛，争夺冠亚军了。我对这次胜利还是很渴望的，因为这是班级自体育运动会以来第二次参加学校的大型活动，是提升班级凝聚力的最佳时机。

这次半决赛与我们班男生对阵的是七年级（4）班的男生，其实力很强；与女生对阵的是七年级（1）班，也是公认的第一。大家似乎都没有了信心。作为班主任的我，当然了解双方的实力，但我更渴望奇迹的发生。于是，在比赛前，我给学生做思想工作，鼓励他们不要害怕，重视过程而不要考虑结果。

男生首先上场。班里男生在体格上并不占优势，但他们都死死握住手中的那根绳，那根牵动着七年级（7）班 50 颗心的绳，他们咬着牙，小小的脸蛋涨得通红。时间一秒一秒地过去，绳子的中心在他们执着的坚持下一点一点向我们靠近，我被在一旁加油的班级啦啦队带到了一个充满激情的宽阔无边的竞技场。我看到袁同学的眼睛里充满了泪水，但没有让它滑落，仿佛在坚强地告诉我：“老师，我在坚持！”我的眼睛也湿润了，这是一股多么强大的力量，它足以让我永远记住！胜利的哨声打破了我的思绪，面对这盼望已久但又来之不易的胜利，我再也控制不住内心的喜悦与激动，一下子蹦了起来！

也许是男生的坚持和拼搏，深深感染了女生，面对公认的第一——七年级（1）班女生，本来不自信的她们也铆足了劲，但第一局，略显局促的她们还是失利了。只要有一线希望，我们就要争取，不是吗？第二局开始了，这次，女孩子们咬紧牙关，一点都不肯松懈，双方势均力敌，僵持在那，这时我看到顾逸琪、杨明月、薛芷怡，还有她、她、她……即使倒在地上，也不放弃！这就是坚持到底的精神，这就是永不服输的精神，终于，她们的勇气和毅力让我们赢得了第二局。

第三局很快开始了，刚才的胜利，让她们越战越勇，一鼓作气拿下了第三局，我们紧紧地拥抱在了一起！我看到一个女生的手出血了，她却毫不在意，和大家欢呼着拥抱在一起。

坚强的“七·彩”文化班的勇士们，我向你们致敬！你们的精神足以感动在场的所有人，让作为你们班主任的我感到骄傲和自豪！

第四章 做幸福的班主任

既然选择了教师这一职业，就意味着付出和艰辛，但也能从中收获到幸福。这种幸福是无法用金钱衡量，无法用物质体现的。随着年龄的增长，对幸福的定义也悄悄地发生着改变。对学生的关爱、对年轻教师毫无保留的帮助，让我每天的生活都很充实。时常收到孩子们的短信、接到孩子们打来的电话，短信中、电话里满是问候和思念。这种只有自己才能感受到的幸福的感觉，对我来说就是一笔巨大的财富，也将伴随我的一生。

郑立平老师把教育比作婚姻，道出了我们想说却一直表达不出的心声。郑老师说，其实，我们和教育、和班主任，就是一种恋爱婚姻式的关系。我们多数人开始并不一定喜欢教育，只是出于各种原因才走上教育岗位，当了班主任，这种情况可以看做“先结婚后恋爱”；极少数人是因为喜欢教育，喜欢做班主任，才从事教育，当班主任的，这种情况可以称为“先恋爱后结婚”。不管怎样，我们已经和教育、和班主任结了婚，怎么办？最佳选择就是好好地爱！只要用心，慢慢走近它、琢磨它、欣赏它、研究它，就一定会越来越觉得这场“婚姻”充满甜蜜、幸福！

我也怀着一颗宁静的心，恪守对教育的虔诚，在班主任旅程中找寻着自己的幸福。

第一节　我和我的团队

在北环中学的二十多位班主任中，我的年龄是比较大的，再加上八年班级文化建设的实践，我多少积累了一点经验，有了一些思考和设想，因此曾为很多学校做过经验介绍。我很喜欢与工作在一线的班主任们交流班级建设的过程。

2011年9月，校长交给我一项新的任务——担任本年级的班级文化建设项目组组长。因为新成立的七年级班级文化建设项目组的班主任队伍是个年轻的队伍，大部分班主任都只有几年的班主任工作经历，还有两位新班主任，所以校长希望我能带着这些年轻的班主任一起成长。这对于一向不善于领导他人的我来说还真是个不小的挑战，我感觉身上的压力很大。

接下来的日子里，吴文超老师、沈良琴老师、张海亚老师也经常和我一起讨论班级建设和管理，与这些年轻的班主任在一起，自己仿佛也年轻了很多，她们虽然称我为"师傅"，但我也深深地感受得到她们身上的那股热情和创新。

追寻快乐的足迹

在一次班主任会议上，蔡校长提出："今年，学校层面不在班主任中聘任师傅了，有意愿的年轻班主任可以自己聘请师傅。"话音刚落不久，我便收到一条短信："吕老师，我想拜您为师，今后多向您学习！"原来是坐在我身边的吴文超老师。看着她那信任的目光，我心里既激动又紧张，当然也很乐意收下这个徒弟，更愿意和吴老师共同成长。

吴文超老师是2007年来我校工作的，今年第一次担任班主任，虽然工作经验缺乏但为人热情谦虚，会看、会想、会读。她善于思考，善于分析，善于与同行交流，也善于利用各种资源。

一天，吴老师在跟我闲聊中，讲了一件事。她很喜欢去一个裁缝那里做衣服，并且和那个女店主（裁缝的妻子）关系很好。一天，女店主突然问她："你是老师，我想打听一下，我女儿快入学了，哪所幼儿园最轻松？哪所小学和初中最轻松？"当时吴老师愣在了那里，因为只有人问过她哪所学校是最好的，没有一个人问过她哪所学校是最轻松的，她一时倒回答不出来了。于是她问女店主为什么会问这个问题，女店主说道："我对女儿唯一的要求就是希望她能健康快乐地成长，我不想她背负过重的学习负担。"吴老师告诉我，她也想让她班级的学生能健康快乐地成长，可又担心自己做不到。我鼓励她说："只要坚持自己的信念并付出努力，一定会取得成果的!"并告诉她有什么问题可以随时找我，我会是她坚实的后盾，我们一起成长。在我的鼓励下，吴老师带着学生，坚定地迈出了追寻快乐的第一步。一天，吴老师对我说道：和学生"热恋"，真是一种美妙的感觉啊！吴老师将自己与班级学生之间的感情看成恋爱，在接下来的三年时间里，她将用这份感情经营班级建设。我们不难想象，她班中的学生一定是幸福的，也一定能健康快乐地成长。

HAPPY 文化的诞生

开学初，吴文超老师就鼓励刚入校的新生设计班级蓝图，给班级确定努力的方向，即班级文化建设方向，要求其既能全方面概括班级目标，又要响亮，容易让其他同学记住。学生可以选择和家长一起完成。每个学生的积极性都被调动起来，大家都争着在新同学、新老师面前大显身手。

8 月 31 日正式开学那天，吴老师兴奋地告诉我，她收到了许多有创意的作品，学生都很下功夫，有的求助于家长、有的求助于网络，有的甚至还把字典翻了个遍。有提出 Cheng 文化的，有提出 Jing 文化的，有提出 Zhi 文化的，还有许多其他的。但是，吴老师说学生想出的这些文化她都不是很满意，学生提出的这些主题似乎没有结合本班的特点，也没能反映出这个新集体的目标和理想，更多的是套用了以前班级的文化。

她将自己的困惑告诉了我："吕老师，我们班级在确定文化主题的时候，出现了一些麻烦，大家只是在套用以前一些班级的文化主题，虽然也很好，但毕竟是套用，并不能反映绝大多数同学的愿景。您觉得我接下来应该怎么做呢?”“我觉得你说得很对。你不妨换一种思维方式，先不要急于确定班级文化建设的主题，而是先让大家讨论一下三年初中生活的共同愿景，再在这个基础上去提炼。”

一周后，吴老师兴致勃勃地找到我：“吕老师，您的办法真好，我按您说的去做了，先让学生讨论了这三年初中生活的共同愿景，他们确定的共同愿景几乎都围绕着积极、希望、快乐几个词语，我想把这些词语用英文单词表达出来。H—Hopeful（充满希望的）；A—Active（积极的）；P—Passionate（热情的）；P—Pleased（高兴的）；Y—Yard（场所）。您看，怎么样?”吴老师的一番阐述，使我感受到了年轻教师的活跃思维，也为她能充分利用本学科的特色进行整合而感到高兴。吴老师的兴奋劲儿还没过：“这五个单词的首字母合起来恰好就是 HAPPY，我们班级的文化就确定为‘HAPPY 文化’!”

让优秀成为一种习惯

由于吴老师班和我们班是邻居，所以每次经过她们教室，我都会刻意观察一下。开学没几天，吴老师班的文化氛围就显现出来了。班级四周的墙壁上是“梅、兰、竹、菊”的手工作品，教室后面墙壁上挂着的是一只只飞翔的千纸鹤，每一只纸鹤承载着一位同学开学初的心愿。教室后的宣传板经常吸引我的目光，这是一块特殊的领域——班级吉尼斯！向吴老师打听后才知道，只要学生有才艺，不管是学习上的，还是课外的，学生都可以申报“吉尼斯纪录”。比如刻纸，是王雪茹同学的绝活，她当场演示并申报了班级吉尼斯纪录，没有其他同学挑战，她就暂时创造了班级吉尼斯纪录。这为学生的特长展示创造了一个平台，有些学习方面不突出的学生在这里找到了自信。

在这么优美的教室环境里却有一点小小的遗憾：遇到去专用教室

上课时，他们离开教室后，到处可见东倒西歪的凳子。我就这个现象与吴老师交流时，她说她其实早就观察到这一点了，她正在努力纠正学生的这种不良习惯。

吴老师先对他们教育了一番。很有效果！第二天，有十几名学生把凳子规规矩矩地放在了桌子下面，可这离她的预期太远了。吴老师又将学生教育了一番，说过的话又重说了一次。可是第三天，还有十几个人不记得把凳子摆放好。面对着十几把东倒西歪的凳子，吴老师这个新班主任茫然了，想着是自己来帮他们把凳子放好呢，还是等他们回来责骂一顿呢？她觉得这两种方法都不能解决根本问题。几经思索后她决定像交警一样给他们贴罚单。吴老师煞有其事地写好罚单塞进了他们的课桌。等同学们从外面上课回来后，有人惊讶地发现了“罚单”。吴老师向他们解释了原因。但罚什么呢？有学生说像小学一样罚抄、罚站，这让吴老师哭笑不得，她的目的只是让学生养成好习惯而已。后来，有同学建议，给凳子没放好的同学贴罚单，他们如果发现一张没放好的凳子，就把罚单转贴到那个人的桌上，如果一天下来罚单都没能转贴出去，就得放学后留下来关灯、关门、关窗户，最后一个走。同学们都害怕罚单贴到自己的桌上，此后他们出去上课，都是放好凳子后才走。

吴老师的这一创新举措收到了很好的效果，每每走过吴老师的班级，看着一排排整齐的桌椅，心里真为吴老师高兴。

家长会，我来说

作为一名年轻的班主任，开好家长会是一个很大的挑战，越临近开家长会，吴老师越紧张，于是求助于我这个师傅。我告诉她，因为这是第一次家长会，她又是一个新班主任，害怕讲话是很正常的，大家都是这样过来的。害怕说就少说，可以让学生多说。

果然，吴老师的第一次家长会就开得与众不同。

她和学生商议决定，把平时学习、生活中的一些场景在家长会上通过各种形式表演出来。吴老师在班级中搜集了丰富的资料，如同学们的在校表现、在家表现、家长对他们的教育方式等。然后，由同学们自告奋勇写剧本、排练。家长会中的三个情景剧，都由学生导演。直到家长会前，吴老师心里还很忐忑，不知道会产生什么样的效果？令吴老师意想不到的是，学生的表演非常成功，家长们看得津津有味。欣赏完学生的表演，家长们比以往任何时候的思考都认真。第二天，一位家长在家校联系本上写道："这次家长会真是别开生面，让我很受启发。"还有家长写道："儿子，看着你在台上表演，爸爸觉得你长大了！""当我想去打麻将时，就会想到情景剧里的爸爸，他经常去打麻将，给儿子造成了很坏的心理影响，我一定要改正！"

这次家长会很成功，让一位年轻的教师发现了活动的意义，并用特别的方式实现了活动目标。

我会始终面带微笑站在你身旁

沈良琴老师也是一位年轻的班主任，曾经做过一年班主任，但回想起来，当时做得很辛苦、很慌乱，也谈不上积累和反思。这一次，学校再次给予她信任，让她担任班主任，这次，沈老师的态度很坚决，一定要做出成绩！

在学生的心中，沈老师是个有耐心和爱心的大姐姐。在我眼中，沈老师十分谦虚，她经常对我说很羡慕学校的一些班主任有那么多的创意。

我鼓励她："教育上的爱，不是为了达到一个目的而做出的一种姿态，它是一种思想、一种情感、一种氛围，运用得恰当，它会自然而然地贯穿于教育的某一个环节，也会不声不响地体现在教育的每一个细节，更会潜移默化地浸润每一个学生的心灵。你也有你的法宝——对学生的爱。”

沈老师听了后坚定地点了点头。

刚拿到学生资料，沈老师就看到吴同学是班级唯一一个每门功课都是C的学生。开学报到那天，全班同学进行自我介绍时，吴同学倚着墙，眼睛始终看着桌子，看得出来这是一个不自信的男孩。于是，沈老师尝试着让他正视老师，站直身子，响亮地报出自己的名字。但是他没能做到，此时的沈老师没有生气、没有愤怒，有的只是一种责任：一定要让自信、阳光的笑容出现在这个男孩的脸上。

之后，沈老师开始关注他。新书需要从图书馆搬到教室，沈老师特意叫上了他。他很卖力，每次都是一手拎一捆。班级晨会时沈老师拿出他拎书的照片，表扬了他，他的脸涨得通红。这使他在同学们心中的形象一下子高大起来。沈老师还发现他特别懂礼貌，每次见到老师都会打招呼；他还很有责任感，每次轮到他做值日班长，他都能以身作则。

在班级里，沈老师不断灌输一种思想：你可以不优秀，但是你不可以不努力。吴同学每天放学后都会出现在沈老师的办公室。我们都以为他是犯了错被留下来的。

一次，我和沈老师聊天时问道："那个放学后经常被留在办公室的学生是谁？他怎么总犯错误呀？"沈老师笑着对我说："不是我留他的，是他留的我！"沈老师详细地跟我讲了吴同学的事。

一开始，吴同学每天放学前都问沈老师："老师，您今天有空吗？我想让您帮我补习功课。"时间长了以后，他对沈老师说："老师，以后你有空的话，你就在我的家校联系本上打个星号吧？"于是他们的暗号至今已经使用了快两年了。

同事们都羡慕沈老师有这样一个好学生。也正是因为他的努力，他的数学考试基本都及格了，偶尔还能考80分呢！

他在家校联系本上写道：我能容忍我曾经失败过，但我不能容忍我不曾奋斗过……

沈老师在家校联系本上给他留言：

“你是我的骄傲！

“还记得吗？你第一次做自我介绍时那腼腆的表情，不自信的动作。还记得吗？我要求你站直身子，抬起头看着我的眼睛响亮地说话，那时你没有做到！

“但是现在我为你自豪！因为你能站得笔直，你能自信地和我说话、和别人交流；因为你在遇到问题时能主动请教老师或身边的同学；因为你还能替我管理班级，为我分忧！请相信：在你追求、拼搏的过程中，我会始终面带微笑站在你身旁！”

让我来监督你

一天，沈老师唉声叹气地走进办公室，我关切地问明原因。原来她班上一个叫俊的男孩，每天都是最晚踏入教室、最早离开教室。作业经常不完成，上课打瞌睡，精神萎靡。成绩退步很明显，已经成为班级里最后一名了。沈老师很担心，也很困惑，不知道到底发生了什么事，让俊产生了这么明显的变化。

我对沈老师说：“以前校长说过，一个让大家无法忍受的学生的背后一定有一个让大家无法忍受的家庭！你试着从了解他的家庭入手，看能否找到他产生如此大变化的原因。”

于是，沈老师打电话联系了他的爸爸。他爸爸第一次说：“我管不了他，随他去吧。”第二次又说：“让他读完初中，和我一起做生意。”之后，他爸爸再也不接老师的电话了，更不愿到学校来沟通。

有一天放学后，沈老师与俊同学一起回家，准备做一次家访。在一间民房前，俊同学停下了脚步，沈老师知道这就是他家了。推开房门，一股刺鼻的味道迎面而来，沈老师屏住呼吸，扫视了眼前的脏乱景象——在20多平方米的房间里紧挨着摆放了两张小床，桌子上摆着一台电脑，电脑旁边放着几个碗，里面分别装着烧得发黑的豇豆、几片猪肝、小半碗米饭。俊同学的爸爸躺在床上可能睡着了，听见推门声，翻了个身发现老师来了后，却依然没有起身。沈老师关切地问道："您怎么了？身体不舒服吗？"没想到他说："没有，困了。"当时才下午6点多钟，可能是工作太辛苦了吧！俊同学的爸爸没有下床，也没有请老师坐。沈老师想可能是因为他家的凳子上放满了脏衣服，他觉得没有地方坐吧，又或者他就是一个不懂礼节的人。

就这样，沈老师站着与俊同学的爸爸交流了大约半个小时，了解到了这个三口之家的情况：爸爸妈妈在小商品市场租了个摊位，妈妈白天看摊，如果有生意需要送货爸爸就去送货，其余时间爸爸则在家烧饭、睡觉、玩电脑游戏、看电影。俊同学每天回家就玩电脑游戏，甚至玩到半夜，对此爸爸竟然熟视无睹。沈老师很同情俊同学，他缺少良好的家庭教育。看到这个不关心儿子学习、生活的爸爸，沈老师顿时感到身上的压力很大。

家访后的第二天，沈老师和俊同学进行了一次交流。当问到他将来的打算时，他说："我爸爸说了，毕业后去让我去卖锁。"沈老师笑了："那是你爸爸替你安排的，你自己想干什么呢？""我想学烹饪。"他没有正视老师，但从他毫不犹豫的回答中，沈老师确信他早就想过这个问题。"好想法，将来做个美食家。告诉你啊，我老公也是个厨师。你要真的想往这方面发展，有需要可以随时找我。不过厨师也是有级别的，你知道吗？有小饭店的厨师，有大酒店的一般厨师、主厨、厨师长。如果想当上大酒店的高级别的厨师，是需要文凭的哦。我愿意和你一起努力，让我来监督你好吗？首先我们从上学不迟到、晚上不玩电脑游戏、认真完成作业开始，你愿意为你的理想做一些牺牲吗？"他抬起头，眼中充满希望，冲着沈老师狠狠地点了点头。

之后，沈老师开始关注这个学生，经常在课前或课后走到他身边，和他轻松地聊天。比如，昨晚几点睡觉的？昨晚玩游戏了吗？今天好像比昨天早到了5分钟。今天的数学作业做得比昨天好……一个月后，沈老师惊喜地发现，他不再迟到了，作业基本能完成，上课也比以前认真了。

我是沈老师班的物理老师，我也惊讶地发现该生的物理成绩提高了很多。我相信，这一定与沈老师对他的关心和帮助分不开。

巧妙化解“恋爱”危机

某天沈老师班的值日班长来找她：杜同学和金同学两个人打起来了。沈老师急忙赶到教室，问其原因。杜同学说：“金××一直烦我，问我礼物是送给谁的。”“你告诉他不就行了吗？”“我不想说。”“那你可以告诉我礼物要送给谁吗？”好半天杜同学才说出了班里一个女生的名字。沈老师一听愣了一下：男生送女生生日礼物？“早恋”两个字立刻跳进她的大脑，这可是作为班主任最不想遇到的情况啊！

“可以把礼物给我看看吗？”沈老师假装淡定地问。打开一个心形的盒子，里面放着6块巧克力，还有6个用5元钱折成的心形。直觉告诉沈老师，这个男生肯定喜欢这个女生！要不要点破呢？沈老师将她的困惑告诉了我。“先看看吧，初二的孩子，正处于青春期，很多行为都是茫然的、无目的的，即使他有这样的想法，对异性产生了好感，也是很正常的。这就是考验你这位班主任的时候了！你可以先找杜××谈一谈。”我提出了自己的建议。

经过与杜同学的深谈，沈老师基本掌握了情况：杜××知道班中一名女生的生日就要到了，平时关系比较好所以想送她一份礼物，可送什么呢？他煞费苦心，最后才想出了这份“特殊”的礼物，只是为了表示祝福，并没有其他意思。可这份礼物却引起了其他同学的关注，并招来一些议论。而杜同学的解释自然是越描越黑，这件事便在班级里沸沸扬扬地传开了。

给同学送生日礼物，本来是件很普通的事，可礼物应该怎么选、祝福应该怎么表达，处在懵懂期的学生还需要老师的引导。沈老师觉得既然这件事已经在班级里闹得沸沸扬扬了，不如借此机会组织一次班会活动。

班会没有正面针对这件事对学生进行教育，而是开成了一次别开生面的集体生日聚会。班会上，大家为所有 11 月份生日的同学过生日，其中安排了送祝福环节，有的同学送给朋友一支钢笔，有的送了自己亲手绘画的作品，有的祝自己的朋友在学习上不断进步……杜同学也当着全班同学的面把 6 块巧克力送给了那个女生。沈老师注意到他用钱折成的“心”不见了，于是在家校联系本上悄悄问他这事，他说：“大家都说送钱就玷污了同学之间的友谊，我和她只是好朋友，不想让大家误会。”

沈老师很庆幸自己没有小题大做，而是通过班会活动化解了这次危机，呵护了同学间最美好、最纯洁的友谊。

我欣喜地发现，沈老师在不到两年的班主任工作的锻炼中，成长和进步了！

共同走向教育的未来

班级文化建设项目组，这个团结且富有创造力的团队在学校班级文化建设的大环境中不断创新，不断探索。在一次闲聊中，沈良琴老师、张海亚老师提出，现在的主题班会多是让学生组织，但在锻炼学生能力方面效果不是很好。如何提高班会课的实效呢？这个问题引起了我们几位班主任的思考，最后我们决定自己立个课题来研究。于是，办公室就是研究所，没有领导，没有权威，大家你一言我一语地讨论开来。有了理论支持后，我们决定在年级中设计一些大型的主题系列活动，为学生的成长提供良好的环境。

“一战到底”“打造我们的品牌”“为妈妈喝彩”“老师，谢谢您”等都是我们年级开展的主题活动，团队中的张老师主动承担起活动设计和主持人的培训工作。另外，胡珏、沈良琴老师充满创意的构思为活动增添了活力；黄威老师细致全面的后勤服务，为活动的开展提供了保障。

主题班会“为妈妈喝彩”

主持人：杭俊（以下简称“杭”） 杨萍（以下简称“杨”）

时间：2012年5月11日

地点：多媒体教室

一、设计背景

5月13日是母亲节，为了让学生更多地了解自己的母亲，感悟母爱的伟大并亲口说出对母亲的爱，我们开展了“为妈妈喝彩”——母亲节感恩活动。在活动之前，我们组织学生开展了“那个我爱的她——给妈妈画肖像画”比赛、“我和我的妈妈”摄影展等，以使学生对母亲有更多的了解，感受母亲对自己的爱。整个活动分为讲述生命的诞生、“那个爱我的她——给妈妈画肖像画”作品展、讲述妈妈的故事、母子心连心游戏、大声说出爱等环节。

二、设计目的

由于现在独生子女较多，享受多于付出，为引导学生懂得感恩，懂得回报，我们利用母亲节开展了“为妈妈喝彩”主题活动，旨在通过真实场景使学生了解母爱的伟大，学会感恩。

三、活动准备

1. 制作电子相册《那个爱我的她》《烛光里的妈妈》。

2. 制作视频《妈妈我爱您》。

3. 音乐。

4. 散文《母亲》。

5. 制作PPT。

四、活动过程

合：亲爱的妈妈、各位来宾、老师、同学们，大家下午好！

杭：今天我们在这里隆重举行“为妈妈喝彩”母亲节感恩活动，首先请允许我代表所有同学欢迎今天最美丽、最可爱、我们最爱的妈妈们的到来！

杨：世界上有一种爱，随你任意索取，从不求回报，这种爱叫母爱，这个人是母亲。

杭：母亲——亲爱的妈妈，您是太阳底下最光辉的形象！请听诗歌朗诵《我与妈妈的对话》。

（诗歌朗诵《我与妈妈的对话》。）

杨：母亲给了我们生命，让我们感恩母亲！（鞠躬）请欣赏相声表演《妈妈》。

（相声表演《妈妈》。）

杨：是的，这就是母爱的无私，这就是母爱的伟大。可是母亲诞下小生命的艰辛又岂是用语言所能描述的呢？或许，只有我们最最亲爱的妈妈才能说得清、道得明！

杭：下面请我们的妈妈代表为我们讲述那过去的事情，请大家用最热烈的掌声欢迎妈妈们。

杨：有请俞佳敏的妈妈丁晓云女士！

（妈妈讲述小生命的诞生。）

杭：下面请故事中的“胖小子”上台为妈妈献上鲜花，并送上最深情的拥抱！

杨：有请蒋水清的妈妈王彩琴女士！

（妈妈讲述。）

杨：下面请故事中那个已经亭亭玉立的小女孩上台为妈妈献上鲜花，并送上最深情的拥抱！

杭：有请周童的妈妈孔秀生女士！

（妈妈讲述。）

杭：下面请故事中那个给妈妈带来不少麻烦的孩子上台为妈妈献上鲜花，并送上最深情的拥抱！

杨：有请张弦的妈妈焦兰娟女士！

（妈妈讲述。）

杨：下面请故事中那个小帅哥上台为妈妈献上鲜花，并送上最深情的拥抱！

杭：有请吴昕辰的妈妈高云芳女士！

（妈妈讲述。）

杭：下面请故事中那个充满自信的小女孩上台为妈妈献上鲜花，并送上最深情的拥抱！

杨：有个妈妈本应该来参加这次活动，但因故不能亲临现场，她想通过视频表达作为母亲迎接新生命的艰辛和幸福。下面请大家听一下刘可人的妈妈毛玉翠女士的故事。

（播放视频。）

杭：不知不觉，母亲的两鬓有了白发，双手变得粗糙，身体微微发胖，但她却依然是那个最爱我的她，她依然是我心中那个最美的她！

杨：我们很多同学都画下了妈妈的身影，画下了妈妈的美丽，画下了妈妈的慈祥。通过这次肖像画比赛，我们才有机会仔细地端详我们的妈妈，通过这次比赛，我们才发现妈妈的眼角悄悄爬上了几条皱纹。我们的每一笔、每一画都表达着对妈妈的爱！下面请欣赏本次比赛的部分参赛作品。

（出示部分参赛作品。）

杭：还有两位母亲因故未能来到我们的活动现场，但是当她们听到自己孩子的作品获奖后非常高兴，也送来了她们的祝福。请看大屏幕！

（播放视频。）

杭：薛芷怡同学，听到妈妈的祝福开心吗？大声说出你的爱吧！

杨：在“给妈妈画肖像画”比赛中，经过激烈的海选，一批优秀作品脱颖而出。下面让我们用热烈的掌声请出我们的家长嘉宾为获奖同学颁奖！获奖同学是，姚凡、曹婷、周童、吉勇军、米杨、严文君、殷露、郭佳佳、吴婷婷、俞珂颖、汪婷婷、吴红梅、陆盈盈、张梦霞、冯宇昕、薛芷怡、杨昊斓、姚雯薏，请获奖同学上台领奖。

（为“那个爱我的她——给妈妈画肖像画”比赛获奖者颁奖。）

杭：妈妈，那个生命中最伟大的女人，无论身处何方，有她就有家，有她我们就会感到温暖和踏实。

杨：今天，就用音乐来表达我们不曾说出口的感谢吧，旋律响起，每一句都是孩子对您的眷恋。请欣赏舞蹈《烛光里的妈妈》。

（舞蹈《烛光里的妈妈》。）

杭：妈妈，您一直用全部的爱守护着我，为我担忧、为我心疼，我们会永远记得您的付出和关怀。下面有请几位同学给我们讲述妈妈的故事。他们是于馨森、高虎、朱瑞、杨成果、彭如如。

（讲述妈妈的故事。）

杨：也许我很任性、很固执，令您操心，惹您生气；也许我总爱自作主张、自作聪明，把您的话当成啰嗦。

杭：但是，在我的心里，永远都爱您，我亲爱的妈妈。现在，我们已经长大，懂得了感恩，懂得了报答，我们会听妈妈的话。其实，我们终有一天会长大，也会成为父母，也许那时我们才能真正感受到母亲的伟大、母爱的真实！下面请听已为人母的吕老师的散文朗诵《母亲》。

（吕丽老师散文朗诵《母亲》。）

杨：多想永远长不大，就像小时候那样，躺在妈妈温暖的臂弯，香甜入梦；就像小时候那样，依偎在妈妈的怀里撒娇。下面，我们请几位妈妈和孩子一起上台来做个游戏，游戏的名字就叫《母子心连心》。

（“母子心连心”游戏。）

（游戏问题：妈妈的生日、妈妈最喜欢的颜色、妈妈最喜欢吃的食物。）

杭：藏在心底的感谢，不曾开口，但是今天，我要大声对您说：妈妈，我爱您！愿天下所有的母亲都能听到我们爱的呼唤！

（播放视频《妈妈我爱您》。）

杨：母亲节，一个多么美好的节日，让我们用歌声来表达我们的心声，并一起为伟大的母亲送上节日蛋糕，点燃生命的蜡烛吧！

（齐唱《烛光里的妈妈》，送上蛋糕。）

杭：“为妈妈喝彩”主题班会到此结束，谢谢大家！

五、活动反思

世界上有一种爱，任你索取，不求回报，这种爱叫母爱，这个人是母亲。在母亲节前夕，我们七年级五个班的班主任在一起思考，准备开展一次感恩母亲的主题活动。但如何让学生真正感受到母亲的伟大和母爱的深沉呢？我们都认为应该给他们留下一些热泪盈眶的记忆。在这样的思路指导下，我们开始着手准备“为妈妈喝彩”——母新节感恩活动。

首先，我们在班级中发动了“那个爱我的她——给妈妈画肖像画”活动，一幅幅用心、用情画出的作品给了全校师生强烈的震撼，学生花几个小时坐在妈妈面前给妈妈画肖像，这种眼神的交流倾注了浓浓的爱。在适当的时候以布置作业的方式让学生去发现他们从来没有注意过的母亲身上的印记，引发其内心的震撼与觉悟。

我们将孩子们的作品印在奖状上颁发给他们，使之成为永久的珍藏。在这次主题班会上，我们让母亲给自己的孩子颁奖，请他们彼此记住这温馨而感人的时刻。

活动前，我们还开展了“我和我的妈妈”幸福摄影展。为了这张照片，很多孩子和妈妈第一次一起走进照相馆；为了这张照片，他们请来朋友帮忙；为了这张照片，已经很久没有牵过妈妈手的儿子羞涩地依偎在妈妈身旁……

在“讲述生命的诞生”这个环节中，几位母亲从不同角度讲述了迎接小生命时坎坷、艰辛，但又幸福、难忘的经历，真情的流露和动情的表达让在场的每个人都为之动容。尤其是毛女士那段比常人更艰辛、更痛苦的经历更是让现场哭声一片。

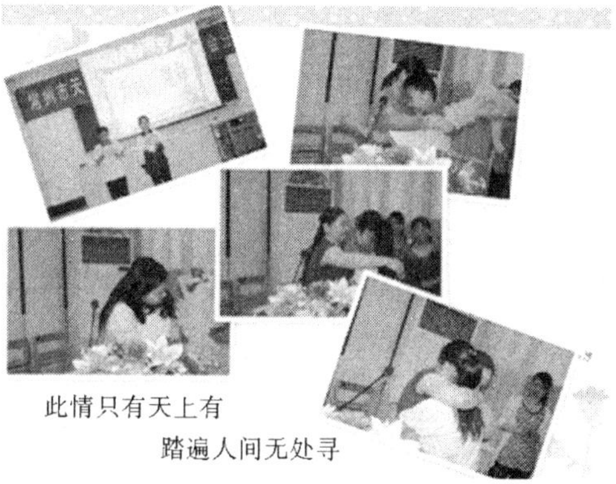

“生命的诞生”演讲活动

这种情感的交流胜过千言万语。而这位妈妈的女儿——那个她用生命换来的孩子正是我们班级的一个问题学生，在此之前她经常不做作业，经过这次活动，她变了！她感受到生命的来之不易，感受到母亲的伟大。她曾因父母离异而一度消沉，这次活动让她明白了母爱的意义，她决定重新出发。

在这次活动中，作为女儿又作为妈妈的我，也为学生朗诵了散文《母亲》。

活动进行了一个半小时，大家被伟大的母爱感动着。

也许有人会说，这样精心设计的主题活动能感动多少学生？又有多少学生能真正理解，从而懂得感恩呢？我要说的是，哪怕只感动了一个学生，哪怕只让他们在这一刻感动也是值得的，这或许就是教育的本质，更是我教育理想中的那份坚持……

学生的健康成长是我们的共同追求，班级文化建设项目组的成员们正相互搀扶着，走向教育的未来。感谢一路上你们的相伴。

第二节　做一名幸福的班主任

我是一个幸福的人，家人、朋友、同事对我的爱，让我对生活充满了感激和向往；而在十几年的班主任工作中享受到的来自学生的爱、来自家长的信任更是其他任何职业都无法享受到的幸福。没有大富大贵，没有飞黄腾达，我却在自己的这块教育田地里规划着美好的未来，追求着教育的未来。

来自学生与家长的祝福

2010 年 4 月 15 日早晨，我收到一条短信：“祝吕老师生日快乐!”原来是一位家长发给我的，看着一旁开车的我的先生：“今天是我的生日，你都忘记了吧!”“怎么会呢，晚上回家给你庆祝!”先生笑着说。当我走进办公室时，眼泪忍不住流了下来，一大束鲜花、一盆绿萝、一只杯子、一对蚕茧、四十几张贺卡整整齐齐地摆放在我的办公桌上，这是我的学生为我准备的，这是何等的幸福啊!

我流着泪奔向教室，我多么想快点看到我的这些学生啊！走进教室，迎接我的是热烈的掌声和深深的祝福，此时此刻，我觉得其他话都是多余的：“同学们，谢谢你们，是你们让我感受到了做班主任的幸福!”

周末，我舒舒服服睡到了自然醒，伸伸腰，准备迎接新的一天。突然，手机响了，一个陌生号码。“你好！”我接通了电话。电话那头短暂停顿后，传来一个熟悉的声音：“妈妈，祝你节日快乐！”我顿时惊呆了，这个既熟悉又陌生的称呼让我一下子热泪盈眶。熟悉是因为我的那个求学在外的儿子一回家就跟我喋喋不休，这其中不知喊了多少遍妈妈；陌生是因为这声“妈妈”不是来自我的儿子，而是来自我的一个学生。

原来今天是母亲节，我收到的最好的礼物就是这句祝福，被自己的学生称为“妈妈”是件多么幸福的事情！

“吕老师您好！听孩子说您身体欠佳，很担心您，所以问候一声，不想惊扰您，希望您身体早日康复！您身体的安康是学生最大的安慰！谢谢您所付出的一切！”——顾俐芸家长

“吕老师您好！几次与您接触让我心存感激，今天同学们为您戴紫手环时，我真的很感动！在家时常听何易芷说您身体不好，您要多多保重！谢谢您对孩子们的付出！我们一定会好好配合您的工作！”——何易芷家长

这样的手机短信经常会在我生病或一些活动后收到，让我倍感幸福。

来自学生的礼物

教师节那天的早晨，刚进校门门卫就交给我的一盒月饼，属名“梁××”，外加一句祝福语“祝吕老师教师节快乐！”我的思绪一下子被拉回两年前……

梁同学是我们班一个很特别的学生，第一次深入了解他是在一次“走进‘不抱怨的世界’”主题班会上。班会中有一个环节是在场的所

有人戴上紫手环。当主持人提到我还没有戴上紫手环，有没有同学愿意来为我戴上紫手环时，几十双手都举了起来，我在无比激动的情况下突然发现了身穿黑白相间休闲服的梁同学，于是脱口而出：“就选梁××吧！”他略微愣了一下后，跑上主席台，细心地为我戴上了紫手环，还说了一番让我很感动的话，从此，他的名字便深深地留在了我的心里。第二天，他的妈妈找到了我，这是我与她第一次正式交谈。她很健谈，一口标准的普通话，让我很容易想到他的儿子——梁××。她说：“昨天我参加了你们的活动，很感动。您知道吗？梁××昨天晚上一直睡不着，嘴里一直念叨‘吕老师为什么会选我给她带紫手环’，他还一个劲地问我‘是不是吕老师对我抱有很高的期望’。于是我就借机鼓励他，说肯定是吕老师比较看重你！他将信将疑但却很满足地睡了。吕老师，我非常感谢你给他这次机会，也许这会是他的一个转折点。”这次与梁妈妈简单的交谈后，我开始刻意走进梁同学的生活。

在梁同学很小的时候，父母年轻气盛，觉得性格不合离异了，梁同学跟随妈妈，而妈妈又给他找了一个新爸爸，现在的三口之家是个很幸福的家庭。妈妈对梁同学百依百顺，什么都给他最好的，她的爱可以称得上是“溺爱”。新爸爸也非常疼爱这个儿子，如果不是梁同学亲口说出来，我们都以为这是他的亲生父亲。在一次班会课上，大家都在分享自己幸福家庭的时候，梁同学告诉大家：“今天我要给大家讲一下我的父亲，就连我最要好的朋友都不知道他是我的继父，他对我很好。另外，我的亲爸爸也很爱我，经常来看我，给我买很多东西。所以我从未因父母离异而难过，相反，我觉得自己很幸福，能得到两个父亲的爱！”他的这番话让我感到很惊讶，通常这种离异家庭的孩子都会自卑或自闭，但梁同学却完全没有受此影响。可我还是隐隐觉得有些不妥，于是就特别关注他。

果然，没多久，梁同学就暴露出他身上的一些坏习惯。懒散、任性、不求上进，逆反心理特别严重。梁同学的妈妈也多次找到我，向我倾诉儿子的坏习惯，希望我能帮梁同学改正。梁同学迷上了“跑酷”，整天跳上跳下，学习则被抛到了脑后，成绩也一落千丈。眼看着就要期中考试了，他还总去参加一些“跑酷”活动，梁同学的妈妈拿他一点办法都没有，只能向我“投诉”。我正在愁怎样跟他谈及此事时，他却主动来找我了：“吕老师，你有没有看出我心情不好?”我顿时一惊，心想，该不是又和妈妈闹矛盾了吧！但还是故作镇定地说：“没有啊！你有什么事不开心呢？是不是马上要考试了，觉得紧张啊?”“不是，我不害怕考试，就我这智商，不要说考多么好，考个中等水平还是没问题的。但有一件事让我很不开心，我们跑酷俱乐部约好上个周末去为一位患白血病的女孩义演募捐，但妈妈不让我去，要我在家复习，还说如果我去了，她就告诉吕老师！全队就我没去，我觉得自己失信于他们!”梁同学非常委屈地说了这番话，看得出来他是真的很难过。于是我开导他：“从这件事可以看出你是一个非常有爱心的男孩，你们团队的这种做法是很令人敬佩的。你为这件事纠结老师能理解。但是，老师觉得你也有做得不好的地方。比如，你有没有好好跟妈妈讲这件事？又或是你可以先跟我交流一下，由我来跟你妈妈说，这样也许就不会出现这种局面了。”梁同学认同了我的观点，但他沮丧的表情却牢牢印在了我的脑海。这个集很多爱于一身的男孩与妈妈之间缺乏正常的沟通与交流，或许物质上的给予已经无法满足他的心理需求了。

过了两天，我找来梁同学，跟他提出了我的想法——为他建立一个“秘密档案”，他有什么心里话可以跟我说，我会为他保守秘密，更会为他提一些好的建议。梁同学高兴地接受了。之后，他经常在放学后找我聊天，家里的事、学校的事、俱乐部的事，我始终做他的忠实听众。初中毕业前夕，他的情绪又有些反常，梁妈妈几次打电话给我，说发现梁同学最近的电话和短信特别多，怀疑他谈恋爱了。谈恋爱对初中生来说是个非常敏感的话题。我答应梁妈妈跟他好好谈一次。“最近有什么不开心的事吗？我发现你总是心神不定的。”我主动出击。没想到他很坦然地告诉了我他的心事：“我在跑酷俱乐部认识了一个女孩，她在一所重点中学上学，成绩优异，在接触中彼此之间产生了一些好感，她说很欣赏我又能唱又能跳。她总问我成绩好不好，我只是回答她还可以，但眼看就要中考了，我很担心自己的成绩，如果考不好，觉得无法面对她，她会以为我在撒谎。”听完我松了一口气。还好，问题不是很严重。我给他“出谋划策”：“你确实很优秀，通过你的描述我能想象那个女孩也一定很优秀。优秀的人一定会得到别人的欣赏的！你现在担心的是你的成绩，觉得如果考不上高中肯定配不上她了，是吗?”他很惊讶地看着我，大概没想到我会这么说。我接着说：“其实你也不要过分焦虑，你不如将这种担忧化为动力。与其在这儿苦恼，不如用实际行动来证明自己的实力!”

后来，他上了一所寄宿制高中，我向梁妈妈要了他宿舍的号码，给他打了第一个电话，当我问他“我是谁”时，他猜了三次都没猜出来。他大概不敢相信我会给他打电话吧。在电话里他告诉了我他现在的学习生活，说很想念我，准备教师节时回母校看望我。第二天，梁同学的妈妈给我打来电话，说梁同学昨天打电话给她，在电话中梁同学哭了，他自责自己猜了三次还没猜出我是吕老师，觉得很对不起我。多么单纯的孩子，在他并不缺乏爱的世界里，我只是默默地给了他一分理解与支持，他却一直铭记，真心希望他能健康成长!

2013年4月15日，梁同学的妈妈发了一条短信给我：“孩子今天打电话给我，让我一定记得发短信给您，祝您生日快乐！他在学校无法用手机，所以请您原谅!”我很感动，这是多么珍贵的祝福，而今天，我再次接到了来自梁同学真挚的祝福，很欣慰、很幸福。

一个家长的转变

第一次与他通电话是国庆节长假后的第一天，他的儿子聪的物理作业一个字都没写，当我打电话与他沟通时，这位父亲说道："吕老师，您有没有不批改作业的情况呢？"这句话一下子把我问住了。是呀，我也有过，在忙的情况下，偶尔也会有忘记批作业。怎么办呢？看来这位家长不太配合。

想来想去，觉得这位家长是因为不了解老师的辛苦所以才不配合老师的工作的，我应该让他看到我们的努力。于是，我一次次地邀请他参加我们班级的活动，通过多次参与，他的态度明显转变了，越来越配合老师的工作了。

一天，聪的妈妈来学校激动地拉着我的手说："吕老师，真的要谢谢您！""怎么了？"我颇有些疑惑。"吕老师，您不知道，聪的爸爸以前教育孩子的方式很不好，别人说孩子的错误他就护着，可他自己管孩子时不是打就是骂。自从来参加了你们的班级活动后，他真的改变了很多，现在我经常能看到他和儿子谈心，真的很谢谢您！"

聪毕业一年后的一天，我和几个朋友小聚，走出餐厅时，迎面走来一家三口，其中那个爸爸一下子认出了我："你好，吕老师！"我愣了一下，随即认出是聪一家。聪的爸爸看上去很激动，他告诉我聪虽然没有考上高中，上了一所五年制大专，但却不像学校的其他孩子那样混日子，而是给自己制订了目标，利用课余时间学习并参加了一些考试，他们为此感到很欣慰，很感谢老师的教育和培养。看着站在一旁已比我高出许多的聪，我心里特别高兴。因为他懂得了如何把握人生。

做一只追梦的蜗牛

参加无锡市一所学校的交流会时，午餐时，和一位年纪较大的老师坐在一起。校长为我介绍，这位老师五十多岁了，但还在坚持做班主任。这让我有点惊讶，我四十岁不到，在我们学校已经算是年纪较长的教师了，自己也曾想过还能做几年班主任。有位老师说过，千万不要让更年期的老师去教青春期的学生。现在想来，这位年长的班主任一定经历过这样一段历程，她用什么来吸引她的学生呢？我仔细观察了这位老师，在整个活动中她始终面带笑容，我能明显感受到她内心深处的那分安静、那分自然、那分执着。我带着尊重和敬佩深深地注视着这位老师，感到了来自自身的青春和活力，也感到了肩上的责任。

我该给学生什么样的班级生活呢？我曾经问过我的学生。他们回答：

“我们想要五彩的梦！”

“我们想要激动的一天！”

“我们希望班级就是一个温馨的家！”

“我们希望每天得到老师的表扬！”

“我们希望所有的任课老师一起开展一次班会！”

班级生活对于学生究竟意味着什么？在他们的人生历程中会留下什么样的印迹呢？

有人说我敢想，有人说我敢做，其实我只是甘愿付出……

只是想用我的心和我的真情在他们的人生轨迹上轻轻涂上一道“七彩的阳光”，让他们在阳光下快乐、健康地成长！

有幸聆听了雷夫老师的讲座，他的真、他的直、他的简单深深感染了我。他是一个很平凡的老师，他又是一个很不平凡的老师，他诠释着怎样做一个真正的教育者：真心付出，一辈子坚持做好一件事，把关心和爱送给每一个学生！

教学生一天，想学生一生。

教师的确是一个非常特殊的职业，当我选择了这个职业，就意味着放弃和奉献。当然，其所收获的成就感也是其他任何职业所无法企及的。明天我依然会怀揣梦想与希望上路，走进北环中学的教室，成为学生可靠的肩膀，让班里每个学生都能展示他们的勇气、毅力和热情，使学生具备北环学生特有的气质。

我要做个好教师。我愿意做一只追梦的蜗牛，带着这个梦想上路，一路欣赏教育的无限风景！

奋战在班主任岗位上整整十二年了，人生有多少个十二年？这其中做的事可能有意义，也可能无意义，但我的内心充盈着的是满满的幸福，在我的脸上看到的是暖暖的阳光！八年的班级文化建设又让我经历了一段别样的精彩。我从班级文化建设的大胆尝试中找到了班主任职业的意义、目标和幸福！

后　　记

一年前，蔡校长找到我，让我将十几年的班主任工作经历整理出来。一个提议，打开了我记忆的闸门。在一次次回忆中，我找到了幸福，而对于这幸福的获得，我要感谢很多站在背后帮助我的人。

首先要感谢陈小平校长，九年前，他的一个创意——开展班级文化建设，使我摆脱了冷酷的职业倦怠期，再次背上教育的梦想前行。在北环中学的几年中，陈校长一步步设想，一步步实践，高屋建瓴，像一个设计师，又像一个指挥家，转变了北环中学每个班主任的教育理念，给班主任提供了自主发展、大胆创新的空间和舞台。

我也要感谢蔡军校长，他先进的教育理念时时给我带来一股新鲜的力量，他所带来的“班级微型课程”，作为一种全新的德育模式，是班主任对学生进行思想教育的主阵地，是师生思想交流的平台，以“微”见“效”，充分彰显出班级微型德育课程的独特魅力。蔡校长努力为北环中学的老师们搭建成长的平台，使我们有了更多、更有意义的学习机会。我们经常可以得到蔡校长赠送的礼物——一本本好书。如《学生第一》《学生第二》《优秀是教出来的》等。今年，我更是幸运地与我最崇拜的雷夫先生进行了现场对话，这一切，都让我受益匪浅，这一切，都要感谢蔡校长。

我还要感谢上海市教育科学研究院的郁琴芳老师，在本书的写作过程中，我和郁老师有了很多接触。因为自己是个物理教师，文学功底一般，在整理的过程中几次想过放弃，是郁老师及时给予我鼓励，使我坚持了下来。在郁老师的指导下，经过多次补充和完善，才有了这本《做幸福的班主任》。

我要感谢我身边的每一位同事，是他们的支持和帮助才有我今天的坚持和收获。特别感谢吴文超、沈良琴两位老师，为我提供了真实的教育案例，也让我们看到了北环中学的明天！

只想做一只追梦的蜗牛，背上教育的美好梦想，一如既往地勇敢前行！

江苏凤凰教育出版社
《行知工程》系列丛书目录

系列	序号	书　　名	主编	定价
班级文化系列	1	《做幸福的班主任》	吕　丽	26.00
校园生态化系列	2	《点燃学习的激情——构建校园生态化学习型组织》	杨树岳	30.00
	3	《课改突围——构建学校生态化教学体系》	杨树岳	30.00
信息化教学系列	4	《巧用白板教语文——信息技术与语文教学操作指南》	蒋丽清	30.00
	5	《跨越式实现高效课堂 ——信息技术与课程整合高效教学方案评析》	陈　玲　刘　禹	30.00
教育新思考系列	6	《语文教育向何处去》	王　丛	26.00
	7	《教育，就是做好普通的事》	孙志毅	27.00
	8	《走出语文的偏见——让学生体悟文本的原义》	丛智芳	30.00
	9	《让语文教学更高效——批注式阅读教学探索》	韩中凌	30.00
	10	《读写互促——探寻学以致用的语文教学》	曹　龙	30.00
	11	《跳出数学教数学——用文化融通数学教学》	马建秀	27.00
教师必读系列	12	《教师必学的16堂修养课》	武宏伟	30.00
	13	《教师不可不知的教学心理效应》	叶勇军	30.00
	14	《班主任不可不知的管理效应》	奚一琴	30.00
	15	《教师不可不知的教育心理效应》	孙　媛	30.00
	16	《校长不可不知的管理效应》	谢申刚　张金豹	30.00
	17	《成为好教师的7项修炼》	王福强　李维华	30.00
	18	《如何让学生会学习》	龙　冰	30.00
	19	《如何让学生爱学习》	周震宇　许小燕	30.00
名师感悟系列	20	《让心灵伴着歌声成长——22位音乐名师的教育智慧》	陈　璞	30.00
	21	《超越自我的教师——32位名师的成长感悟》	李卫东　李秀伟	35.00
	22	《心灵的守护者——19位名班主任的教育智慧》	王晓松　曲文弘	30.00
	23	《名师感悟班主任有效工作艺术90例》	符礼科	30.00
	24	《名师感悟有效教学90例》	林高明　徐玉烟	30.00
教育探索者系列	25	《让个性绽放精彩——学校课程体系整合与创生》	谢建伟　徐淑萍	30.00
	26	《让每个学生都幸福——最能润泽生命的学校文化建设》	谢建伟　张新喜	30.00

系列	序号	书　　名	主编	定价
教育家核心思想系列	27	《多元智能理论的本土化应用》	刘治富	30.00
	28	《大教育家最具施教力的教学思想》	白刚勋	30.00
创新教学探索系列	29	《粘连作文教学：让习作成为有个性的自我建构》	黄瑞夷	30.00
	30	《备学式教学——在体验中建构数学思维》	单广红　范雪梅	30.00
	31	《向着自主进发——自主教育的创新实施智慧》	朱亚红	30.00
	32	《写中学——让学习更有效的学科写作教学》	钟传祎	30.00
	33	《小学科学实验总动员 ——大科学课堂有效提升学生创新力》	江美华	30.00
	34	《小学语文单元整体课程实施与评价》	李怀源	30.00
	35	《小学英语单元整体课程实施与评价》	李怀源	30.00
	36	《小学数学单元整体课程实施与评价》	李怀源	30.00
教育管理力系列	37	《“走”出教育的精彩：走动式学校管理文化构建》	罗　军	30.00
	38	《校长兵法：学校管理四十六计》	皮大鹏	30.00
核心教学主张系列	39	《新生代语文名师核心教学主张》	许友兰	30.00
行思讲坛系列	40	《师爱无疆——润泽学生心灵的教育故事》	侯忠彦	30.00
	41	《怎样反思更有效——促进教师专业发展的反思策略》	诸贝贝	30.00
	42	《成为高度自觉的教育者——写给后课标时代的数学教师》	许卫兵	30.00
	43	《哲思数学课》	刘全祥	30.00
	44	《把学生教聪明》	严育洪	30.00
	45	《教师最应该规避的教育误区》	杨坤道	30.00
	46	《用语文的方式教语文——潘文彬教学主张与实践智慧》	潘文彬	30.00
	47	《怎样让阅读教学更有效 ——提升教学能力的十种读诵模式》	汪秀梅	28.00
	48	《让生命在润泽中起舞——当代小学生最需要的主题班会》	吴联星　罗　琳 冯卫东	30.00
	49	《让生命欢快拔节——当代中学生最需要的主题班会》	冯卫东　吴联星	30.00
	50	《课堂因生成而精彩——高效教学的生成智慧》	张文质	30.00
	51	《回到每一个人的生命化教育 ——张文质二甲中学教育行动录》	张文质	30.00
	52	《智慧数学课——黄爱华教学思维的实践策略》	黄爱华	30.00

系列	序号	书　　　名	主编	定价
学生心理解码系列	53	《孩子问题行为一点通——只有好老师才知道的学生心理谜底》	严育洪	30.00
高效能教学系列	54	《让作文落地生根——提高写作实效的教学策略》	黄桂林	30.00
	55	《高效能作文教学 5 项修炼》	陈步华	30.00
	56	《高效能校长的 10 个好习惯》	张　勤	30.00
	57	《高效能教师的 10 个好习惯》	谢　英	30.00
	58	《高效能语文教学 5 项修炼》	王其华	30.00
教育求索系列	59	《思政教学的人文力量》	戴晓华	30.00
	60	《师道新说——给教育者的 30 条箴言》	徐　卫	30.00
中国教育变革之路丛书	61	《百年树人师何为——教师队伍建设困顿与出路》	将丽珠　李玉向	30.00
	62	《入园何时不再难——学前教育困惑与抉择》	曾晓东 范　昕　周　慧	30.00
	63	《三尺书桌何处寻——流动人口子女教育困难与破解》	范先佐	30.00
	64	《苦旅何以得纾解——高考改革困境与突破》	郑若玲	30.00
	65	《择校纠结何时了——择校问题困局与治理》	曾晓东　周文海 曾娅琴	30.00
创新教学思想系列	66	《“大问题”教学的形与神》	黄爱华　张文质	30.00
校长领导力系列	67	《高品质学校生长要素》	王益民	30.00
	68	《校长高校教学领导力提升策略》	徐世贵　郭文智	30.00
教育漫笔系列	69	《课堂，诗意地栖居》	吴书华	30.00
新思维系列	70	《教育中的“不一定”——打破教育的 19 种思维惯式》	严育洪	30.00
教学全手册系列	71	《小学习作教学全手册》	郭家海	30.00
	72	《中学写作教学全手册》	郭家海	30.00
	73	《情境教学操作全手册》	冯卫东	35.00
	74	《合作教学操作全手册》	李春华	35.00
	75	《探究教学操作全手册》	周新桂	35.00
	76	《自主教学操作全手册》	诸葛彪	35.00
	77	《创新教学操作全手册》	王　玮	35.00
	78	《班主任工作全手册》	刘沛华	35.00
	79	《新教师工作全手册》	周震宇	35.00
	80	《学生心里健康教育全手册》	刘海莉　刘春杰	35.00
	81	《高效教学操作全手册》	马友平	35.00

系列	序号	书名	主编	定价
校本研修系列	82	《特色校本课程开发范例解读》	刘永平　李秀伟 张雪梅	30.00
	83	《高效校本研修模型构建艺术》	刘素雁	30.00
	84	《走向实践的教研——中小学教育科研引领与应用》	江　敏	30.00
教学提升系列	85	《有思想地教阅读——让学生学会品读文字真意》	王学东	30.00
教育艺术提升系列	86	《藏在师生体态语言里的教学智慧》	张　宇　廖生波	30.00
幼师成长系列	87	《幼儿行为背后——教师如何读懂幼儿的心思》	吴亚英	30.00
	88	《最具教育力的22种幼儿教育思想》	杨　达	30.00
	89	《幼儿教师必知的安全应急措施》	杨　达	30.00
	90	《幼儿教师必备的教育技能》	李　玲	30.00
	91	《卓越园长21条幼儿园管理策略》	周　丹　江东秋	30.00
创新人才培养系列	92	《创新人才培养校园科普精品课程开发与指导 ——人大附中创新人才培养》	罗　滨	30.00
	93	《创新人才培养特色校本课程开发与创新人才培养 ——清华附中“国际安全下的科学技术”课程构建与实施》	王殿军　方　研 赵宏雁	30.00
	94	《创新人才培养：学校实验室建设与管理》	刘克文 杨发丽　杨　平	30.00
	95	《创新人才培养：数学探究活动开发与指导》	马云朋　韩继伟	30.00
	96	《创新人才培养：化学研究活动开发与指导》	王　磊	30.00
	97	《创新人才培养：物理探究活动开发与指导》	廖伯琴	30.00
	98	《创新人才培养：地理探究活动开发与指导》	张建珍　陈　澄	30.00
	99	《创新人才培养：生物探究活动开发与指导》	张迎春	30.00
	100	《创新人才培养：理念探索与思维突破》	王晶莹	30.00
教育思想者系列	101	《教育，一切从孩子出发》	黄　俭	30.00
新生代通派名师系列	102	《简约数学教学》	许卫兵	30.00
	103	《语文教学的本真——情意课堂展现母语之美》	吴建英	30.00
	104	《语文课堂的理想追求——欢快达成三维目标》	董一红	30.00
	105	《阅读教学的真髓——意象构建读出文学的真美》	祝　禧	30.00
	106	《美术教育的真谛——审美人生教育让生命绚丽成长》	陈铁梅	30.00
	107	《语文教学的理想境界——无痕教学润泽生命》	李　凤	30.00
	108	《儿童作文的本义——嬉乐作文让儿童乐并成长着》	王笑梅	30.00
	109	《名师是怎样炼成的》	王建明　王笑君	35.00